中华优秀传统国学阅读经典

孝　经

【春秋】孔子　王新 编校

中国商业出版社

图书在版编目（CIP）数据

孝经 / 王新编校 . -- 北京：中国商业出版社，2019.10

ISBN 978-7-5208-0856-9

Ⅰ．①孝… Ⅱ．①王… Ⅲ．①家庭道德—中国—古代②《孝经》—译文③《孝经》—注释 Ⅳ．① B823.1

中国版本图书馆 CIP 数据核字 (2019) 第 157066 号

责任编辑：杜 辉

中国商业出版社出版发行

010-63180647　　www.c-cbook.com

（100053　北京广安门内报国寺 1 号）

新华书店经销

三河市同力彩印有限公司印刷

*

710 毫米 ×1000 毫米　16 开　10 印张　120 千字

2020 年 1 月第 1 版　2020 年 1 月第 1 次印刷

定价：30.00 元

*　　*　　*　　*

（如有印装质量问题可更换）

前　言

　　泱泱中华五千载，悠悠国学民族魂。中华国学"为天地立心，为生民立命，为往圣继绝学，为万世开太平"，是中华民族几千年来生生不息的根本，是华夏儿女的文化基因和精神支柱。

　　中华传统文化经过千百年历史的冲刷洗礼和不断交流、融合以及沉淀，最终形成了求同存异、兼收并蓄、辉煌灿烂的特点，它也是世界上唯一绵延不绝而从没中断的古老文化，并始终充满了生机与活力。

　　国学就是中国之学、中华之学，是以母语汉语为基础，表达了中华民族的精神价值和处世态度，有利于凝聚中华民族的文化向心力，有利于中华民族大团结，是华夏儿女的生命火炬，我们要世代相传和不断发扬光大。

　　中华优秀传统文化在思想上有大智，在科学上有大真，在伦理上有大善，在艺术上有大美。在中华民族艰难而辉煌的发展历程中，优秀传统文化薪火相传、历久弥新，始终为国人提供精神支撑和心灵慰藉。所以，更多地从传统优秀国学经典中汲取丰富营养，不仅能充实灵魂，而且能够拥有一种神圣而崇高的家国情怀。

　　中华传统国学是指以儒学为主体的中华传统文化与学术，内容非常广泛，内涵十分丰富，如蒙学十三经、四书五经等，作为国学中经典之经典，铸就了"国学蒙学之最、中华不可或缺之魂"，凝聚了我国五千年的文明史和传统文化，体现了中华民族博大精深的文化精髓，是经过多少代人实践检验过的文化瑰宝，承载着中华民族伟大复兴的梦想。

　　中华传统国学中具有极高价值的经典与文章不胜枚举，且不说春秋战国时期的经传宝典，也不说《史记》《资治通鉴》，仅唐诗、宋词、元曲就有许多脍炙人口的佳作，今天我们作为中华儿女对这些精品岂可淡化或视而不见？

　　中华传统国学经典，蕴含了中华儿女内圣外王的个体修养和自强不息的群体精神，形成了重义轻利的处世态度以及孝亲敬长的人伦约定，包含着辩证理智的心智思维和天人合一的整体观念。

　　这些国学经典千百年来作为我国传统文化与教育经典，在内容方面包含治国、修身、道德、伦理、哲学、艺术、智慧、天文、地理、历史等丰富的知识；在艺术方面丰富多彩，各有特色，行文流畅，气势磅礴，辞藻华丽，前后连贯。古往今来，无数有识之士从中汲取知识，不仅培养了良好的道德品质，还提升了儒雅、纯美、睿智的气质。

　　国学经典是广大读者必备的精神食粮。读者阅读国学经典，能够秉承国学仁义精神，养成谦和待人、谨慎待己、勤学好问等优良品行，达到内外兼修与培养刚健人格的学习目的。读者阅读国学经典，就如同师从贤哲，使自己能够站在先辈们的肩膀之上，在高起点上开始人生道路。阅读圣贤之书，与圣贤为伍，是精神获得高尚和超越的最高境界。

　　如今社会处于转型时期，充斥着各种各样所谓的现代文化，良莠不齐、纷繁杂芜。作为读者，应该慎重地从文化杂烩中精挑细选最好的、最纯的、最精的文化知识进行学习，以便促进身心的健康，那么国学经典就是最佳的选择。

　　当然，我们必须注意：传承古代经典，不是单纯背诵一些诗词，而是传承古老中华文明；不是只知其文不解其意，而是传承经典文化中的精神；不是对所有传统的东西都加以吸收，而是采取"扬弃"态度，取其精华去其糟粕；也不是排斥其他国家和民族的先进文化，要互相理解和尊重，要有兼容并包的情怀和清醒的头脑，做到互相学习和互相促进；更不是躺在灿烂传统文化的光环下故步自封，要积极开创未来的、先进的和科学的民族文化，要创造新的文化辉煌。

　　国学经典并非陈旧过时的东西，它能够适应任何时代的需要，且不同的时代都可以进行新的解读,都有时代的新意。广大读者要古为今用,活学活用,在新的时代推陈出新,进行新的解读,赋予新的内涵,不断发扬新的精神。

我们欣喜地看到,在党和政府的积极号召下,教育部印发了《完善中华优秀传统文化教育指导纲要》,各级教育机构启用了《中华优秀传统文化》教材,中小学语文新课标中也增加了青少年学生阅读和学习国学的分量,许多中小学开设了专门的国学课程,全国各族人民掀起了学习和传承中国传统文化的热潮。

为此,在有关专家的指导下,我们特别精选编辑了这套"中华传统国学阅读经典"作品,根据广大读者特别是青少年读者学习吸收的特点,采取了板块化的篇章结构。文前部分主要包括作者简介、题解+背景、作品概况、思想内容和艺术特点等内容,正文部分主要包括原文、注释、解读、感悟、赏析、故事等内容,文后部分主要包括名言妙语、读后感、知识互动大会等内容。同时还配有精美的插图,图文并茂,生动形象,非常易于阅读、理解和欣赏,能够培养广大读者的国学阅读兴趣,从而增强大家对中华优秀传统文化的热爱、传承和发展,最终积极投身到中华民族伟大复兴的中国梦之中。

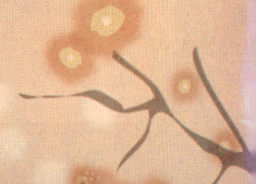

根据"部编教材"和广大读者特别是青少年读者学习吸收的特点,采取版块化篇章结构,设置丰富的专题栏目,解构阅读知识要点,无障碍直通阅读核心,重点感受丰富的知识和独特的艺术,领会和发扬深刻的国学精神!

导 读

作者简介
简单介绍作者生卒、生平事迹、代表作品和历史影响等。

题解+背景
简单阐述书名来历、作者社会背景、创作动机、创作过程等。

作品概况
简单介绍作品结构形态、流传过程和历史价值等。

思想内容
简单分析作品思想内涵、社会价值和启迪作用等。

艺术特点
简单解析语言表达、篇章结构、人物形象等丰富的艺术特色。

开宗明义章第一

导 读
概括篇章主题和内容等,简介学习之目的。

本章为《孝经》的总纲,是《孝经》的基本精神所在。其主要在于开示全部孝经的宗旨,表明五种孝道的义理,本着历代的孝治法则,定下了万世的政教规范,因此列为一经的首章。
……

原 文
参考众多权威版本,忠实于原著原文呈现。

在上不骄❶,高而不危❷;制节❸谨度❹,满而不溢❺。高而不危,所以长守贵❻也;满而不溢,所以长守富❼也。
富贵不离其身,然后能保其社稷❽,而和其民人,盖诸侯❾之孝也。
《诗》云:战战兢兢,如临深渊,如履薄冰。

注 释
介绍和评议生僻难懂语汇、内容、背景、引文等。

注释……
❶ 在上不骄:地位在上而不骄傲。在上,诸侯为一国之君,地位仅次于天子,而在万民之上;不骄,没有骄傲之心,即能守法合礼之意。骄,自满,自高自大。
❷ 高而不危:处于高位而没有危险。高,指诸侯居于列国最高之位;危,危险。
❸ 制节:指所有开支费用节约俭省。
❹ 谨度:指行为举止谦逊谨慎而合乎典章制度。
❺ 满而不溢:指财富充足但不奢侈浪费。满,充实,指国库充裕;溢,这里指超越标准的奢侈、浪费。
❻ 长守贵:长久地守住尊贵的地位。贵,指政治地位高。
……

精美配图
根据内容配图,图文并茂,让知识变得生动形象,让阅读变得丰富有趣。

注音
对多音字以及破音、通假、古音、外族语言等异读字词进行注音。

[1] 夙兴夜寐，无忝（tiǎn）尔所生：出自《诗经·小雅·小宛》，意思是要早起晚睡地去努力，不要辱及生养你的父母。夙，早晨；兴，起，起床；寐，睡觉；无，别，不要；忝，羞辱，侮辱；尔，汝；所生，指生身的父母。

解读

士的孝道，就是要用侍奉父亲的心情去侍奉母亲，爱心是相同的；再用侍奉父亲的心情去侍奉国君，崇敬之心也是相同的。所以爱敬的这个孝道，是相互关联的。侍奉母亲用的是爱心，侍奉国君用的是尊敬之心，而侍奉父亲的孝道则要爱和敬都齐全兼备。换句话说，以侍奉父亲的孝心，转而侍奉天子，就是忠诚；以侍奉父亲的敬心侍奉师长，就是顺从。以忠诚和顺从的心侍奉君王和师长，就能永远保住他的俸禄和官位，而得以长守先祖的祭祀，这便是士应尽的孝道。

《诗经·小雅·小宛》中说："士要早起晚睡地做自己的工作，不要辜负他们对你的期望，而辱没了生你养你的父母。做人一定要勤勉不怠，自己做事有责任心也反映了父母良好的修为涵养。"

解读
对原文进行译解，使之通俗易读，浅显易懂。

故事链接

子路背米

子路，姓仲名由，孔子的学生。他性格豪爽开朗、好勇，武艺高强，却从不欺负弱者，且尊老爱幼，是乡里有名的大孝子。

子路家里很穷，常常以糠菜充饥。他想，家有穷富，人有高低，但家庭越贫寒，就越应该想方设法孝敬父母，尽心尽力地去侍奉父母，尽量让父母少受些苦。他自己常常吃野菜或灰菜做的菜团子，却设法让父母吃上……

故事链接
对篇章或段落进行故事配套链接，更益于理解原文。

完美大结局

名言妙语
推介作者、作品的名言格言和妙言妙语，让读者加深印象、获得美感或启迪等。

读后感
从中、小学生认识角度，剖析阅读作品后的所思所感、所作所为等，达到有所收获和感悟等。

作者简介

孔子（公元前551年—公元前479年），子姓，孔氏，名丘，字仲尼，春秋末期鲁国陬邑人。他是我国古代伟大的思想家、教育家，儒家学派创始人。他开创了私人讲学的风气，倡导仁、义、礼、智、信等思想观念。孔子晚年修订了《诗》《书》《礼》《乐》《易》《春秋》。他去世以后，他的弟子及其再传弟子把孔子及其弟子的言行语录和思想记录了下来，整理编成了儒家经典《论语》。

孔子政治思想的核心内容是"礼"与"仁"。在治国方略上，他主张"为政以德"，认为用道德和礼教来治理国家是最高尚的治国之道。

在教育上，孔子认为人人都可能受教育，人人都应该受教育。他提倡"有教无类"，创办私学，广招学生，把受教育的范围扩大到平民，顺应了社会发展的趋势。孔子的教育目的是要培养从政的君子，而君子必须要具有较高的道德品质修养，所以他强调教育必须将道德教育放在首要地位。他的教育活动培养了众多学生，而且在实践基础上提出了教育学说，为中国古代教育奠定了理论基础。

孔子美学思想核心为"美"和"善"的统一，也是形式与内容的统一。他提倡"诗教"，即把文学艺术和政治道德结合起来，把文学艺术当作改变社会和政治以及陶冶情操的重要方式。

孔子在古代被尊奉为"天纵之圣""天之木铎"，是当时社会上最博学者之一，被后世尊为孔圣人、至圣、至圣先师、大成至圣文宣王先师、万世师表，他的思想对中国和世界都有深远影响。

题解+背景

"孝"字源于中国古代的甲骨文,距今已有四千多年的历史,其原意为"奉先思孝"。据记载,孝大约产生或大兴于周代,其初始意指尊祖敬宗、报本反始和生儿育女以及延续生命等。

到了孔子时代,孝从其宗教与哲学意义转化为"善事父母"的纯粹伦理思想,从宗族道德转化为了家族道德,逐渐形成了一整套关于孝的理论,并产生了阐述孝的理论著作《孝经》。

孝文化在其演化进程中,不能不打上时代和阶级的烙印,不能不形成民族性精华与封建性糟粕共存的局面。但就孝文化的整体而言,其基本方面应当肯定,主要方面在整个社会发展中都有着积极的意义。

《孝经》这部书,据说是曾子向孔子请教有关孝的问题时,孔子和弟子们讨论研究孝的学问,并由弟子们记载而形成的一部书。中国第一部纪传体断代史《汉书》上说:"夫孝,天之经、地之义、民之行也,举大者言,故曰《孝经》。"明代理学家吕维祺在《孝经或问》中称:"孝经为何而作也?曰,以阐发明王以孝治天下之大经大法而作也。"

《孝经》有《古文孝经》和《今文孝经》两个版本。《古文孝经》相传出自孔子故居壁中,因为是用先秦古文字书写,所以称为《古文孝经》;《今文孝经》据称出自汉初,为河间人颜芝原所藏,因为是用当时通行的隶书字体书写,所以称《今文孝经》。

后来通行的《孝经注疏》是以《今文孝经》为底本,由唐玄宗李隆基作注,宋代儒学大师邢昺(bǐng)作疏,并被收录入"十三经注疏"中,成了最流行和最权威的《孝经》注本。

作品概况

"孝"是儒家伦理思想的核心,是千百年来中国社会维系家庭关系的道德准则,是中华民族的传统美德,《孝经》则是儒家讨论孝道的一部专书。《孝经》全书共有十八章,第一章《开宗明义章第一》,揭示了全书的总纲,也是对之后十七章内容的一个概述。书中把侍奉父母的孝,扩充为侍奉君主、服务国家的忠,其终极目标则是立身行道。

接着从第二章到第六章论述了天子、诸侯、卿大夫、士和庶人行孝的方式,虽然各有不同,但是以"爱"和"敬"来侍奉父母却是一致的,所以接着《三才章第七》说:"夫孝,天之经也,地之义也,民之行也。"这是《孝经》全书论孝的总义。而之后各章,也都是根据这个理念加以阐述的。

《孝经》把子女敬爱父母的心,从珍惜自己的生命和人格,引申到敬重尊长、爱护君王,乃至爱护国家以至于天下百姓。所有修身、齐家、治国、平天下的道理都包含在了孝道当中。因此《感应章第十六》说:"孝悌之至,通于神明,光于四海,无所不通。"

在汉武帝时期,儒家学说被正式确立为教育内容,儒家思想成为教育体系的主导。而《孝经》作为"十三经"之一,是儒家重要的经典,几千年来一直是广大学习者的必读书籍,其文字浅显易懂,容易理解,因此广为流传,使孝道思想深入民间。

总之,孝道是传统文化伦理道德思想的中心,从敬爱父母,进而尊敬长上,爱护百姓,以至于爱护万物。这种伟大的胸襟就是从敬爱父母开始培养的。教育是以培养人们实现修身自立、家庭和睦、社会和谐和世界太平为宗旨,想要达成这个目标,就应把孝道放在教育的首要地位。

思想内容

传统的中国社会,是植根于孝道之上的社会,因而孝道是中华文明重大的文化现象之一,孝文化也是我国文化的核心观念与首要文化精神,是中国文化的显著特色之一。

《孝经》一书将社会上各种阶层的人士上自天子,下至平民百姓,分为五个层级,而就各人的地位与职业,标示出其实践孝亲的法则与途径。这是自古以来读书人必读的一本书,所以被列为"十三经"之一。

《孝经》以"孝"为中心,"夫孝,天之经也,地之义也,人之行也",认为"孝"是诸德之本,"人之行,莫大于孝",认为国君可以用孝治理国家,臣民能够用孝立身治家。

《孝经》在我国伦理思想中,首次将孝亲与忠君联系起来,认为"忠"是"孝"的发展和扩大,并把"孝"的社会作用绝对化与神秘化了,认为"孝悌之至"就能够"通于神明,光于四海,无所不通"。

《孝经》对实行"孝"的要求和方法也做了系统而详细的规定。主张"孝"要"始于事亲,中于事君,终于立身",并按照父母的生老病死等生命过程,提出"孝"的具体要求。

《孝经》还把道德规范与法律联系起来,提出要借用国家法律的权威维护道德秩序。其作为儒家经典之一,不仅有它的文学和文化价值,更具备了宣扬孝道、净化心灵的精神和社会价值。

从战国时期起,《孝经》就受到高度重视,从魏文侯开始便得到了许多最高统治者以及历代学者共计约五百人的注疏解说,并且成了历代统治者"以孝治天下"的重要经典,也是历代儒生修身立德、为人处世的必读书,足见此书对后世影响的巨大。

艺术特点

孝文化是中华民族传统文化的重要组成部分，也是儒学的核心与根本，因而研究孝文化，对于正确认识儒家文化具有重要意义。作为系统化、理论化的孝道理论体系《孝经》，在继承和发展儒家丰富的孝道思想的基础上，形成了自己独具特色的孝道理论。

作为儒家"十三经"之一的《孝经》，虽然篇幅最短，然而此书在汉代复出以后，立即受到汉代统治者的重视。汉代统治者首次提出了"以孝治天下"的治国方针，是汉代政治和社会生活的典型特征，具有深刻的历史渊源、现实的社会背景和充分的实际体现。

孝的思想使孝道走进了国家的政治、社会和文化生活，使得这一时期的孝的特点发生了极大的变化。

《孝经》共十八章，通过孔子与弟子曾子之间的对话，逐章叙述了"孝"的诸多内涵，精辟地阐述了儒家代表人物对孝道的认识。孔子认为孝道是天然之道，是一切德行的根本，同时也是治国、平天下的重要思想资源。

《孝经》明确提出"移孝作忠"的思想，不是要人"愚忠愚孝"，而是将小我扩充为大我，实现真正意义上的大孝。

《孝经》还从不同侧面、不同角度对孝的作用及其价值进行了深入阐述。虽然仅有短短一千八百字，却是儒家思想体系中最重要的入门经典。《孝经》一书，一言一语，无不含义隽妙，正是一部千秋永恒、亘古不变的宝典，更是现代人安身立命的一剂良药。

目 录

开宗明义章第一…………………………………… 1

天子章第二………………………………………… 9

诸侯章第三………………………………………… 15

卿大夫章第四……………………………………… 21

士章第五…………………………………………… 29

庶人章第六………………………………………… 37

三才章第七………………………………………… 45

孝治章第八………………………………………… 53

圣治章第九………………………………………… 61

纪孝行章第十……………………………………… 71

五刑章第十一……………………………………… 77

广要道章第十二…………………………………… 83

广至德章第十三…………………………………… 93

广扬名章第十四 …………………………………… 101

谏诤章第十五 ……………………………………… 107

感应章第十六 ……………………………………… 119

事君章第十七 ……………………………………… 127

丧亲章第十八 ……………………………………… 133

开宗明义章第一

　　本章为《孝经》的总纲,是《孝经》的基本精神所在。其主要在于开示全部孝经的宗旨,表明五种孝道的义理,本着历代的孝治法则,定下了万世的政教规范,因此列为一经的首章。

　　在本章开头,孔子开门见山地告诉大家一种"至德要道",这就是"孝"。在孔子看来孝道可以使天下归顺、百姓和睦,其强大功用与重要性可见一斑。

　　孔子认为孝道可分为三个阶段,以侍奉双亲为孝行之始,以为君王效忠服务为孝行的中级阶段,以建功立业、光宗耀祖为孝行之终。最后引用《诗经》中的话,强调一定要发扬这种美德。

　　中国几千年的封建社会秩序和封建伦理关系就是以孝道为基础建立起来的,时至今日。我们所提倡的尊老爱幼、热爱祖国、心怀抱负等新的道德要求,可以说是孝道的发展和完善。在家里,子女尊敬长辈,长辈爱护子女,共享天伦之乐;在社会上,尽职尽责,为国家做出自己的应有贡献;关于个人,要修身养性,实现自己的宏伟理想。这样我们的社会才会和谐有序。

　　几千年前的孔子高瞻远瞩极其有远见地提倡的"孝道",无论是对过去、现在还是将来,它所产生的重大作用和影响,都是难以泯灭的。

孝 经

仲尼居①，曾子侍②。子曰③：先王④有至德要道⑤，以顺天下⑥，民用和睦⑦，上下无怨。汝知之乎⑧？

曾子避席⑨曰：参不敏⑩，何足以知之？

子曰：夫孝，德之本也⑪，教之所由生⑫也。复坐⑬，吾语汝⑭：身体发肤，受之父母⑮，不敢毁伤，孝之始也；立身行道⑯，扬名于后世⑰，以显父母⑱，孝之终也。夫孝，始于事亲⑲，中于事君⑳，终于立身㉑。

《大雅》㉒云：无念尔祖㉓，聿修厥德㉔。

注释

❶ 仲尼居：指孔子闲居在家。仲尼，指孔子，名丘，字仲尼；居，闲居，无事闲坐着。

❷ 曾子侍：指曾子陪坐在孔子座席旁边。曾子，即曾参，孔子的弟子；侍，这里为侍坐之意。

❸ 子曰：子，孔子的自称。同时，古代也称自己的老师为子；曰，说的意思。

❹ 先王：先代圣帝明王，这里指尧、舜、禹、汤、文、武王等历史上著名的贤君圣王。

❺ 至德要道：至善至美的品德和至关重要的道理。至，极。要道：要约之道。

❻ 以顺天下：使天下人心顺从。顺，顺理，治理。

❼ 民用和睦：意思是百姓相顺而亲，相悦而和。民，黎民百

姓；用，因而。

⑧ 汝知之乎：你知道这些道理吗？汝，第二人称代词，你；乎，语气词，用在句末表示疑问或者反问。

⑨ 避席：这里指离开座位站起来以示恭敬。

⑩ 不敏：迟钝的意思。这里是曾子的自谦之词。敏，聪敏，有智慧。

⑪ 夫孝，德之本也：意思是所有教化都是从孝道产生出来的。夫，发语词；本，根本。

⑫ 教之所由生：一切教化产生的根源。教，教化；由，自。

⑬ 复坐：返回座席。曾子之前起立对答，所以让他返回原位坐下。

⑭ 吾语（yù）汝：我告诉你。吾，我；语，告诉。

⑮ 受之父母：承受于父母。受，承受，秉受；之，于。

⑯ 立身行道：意思是说自立修身，自强奋斗，修养品德，实践道德思想。立身，独立己身；行道，行己身当行之道。

⑰ 扬名于后世：在后世中显扬自己的名声。扬名，显扬名声。

⑱ 显父母：显扬父母的声名。显，荣耀。

⑲ 始于事亲：从孝顺父母开始。始，开始。

⑳ 中于事君：以为君王效忠服务为孝行的中级阶段。

㉑ 终于立身：以建功立业、光宗耀祖为孝行的最后阶段。

㉒ 《大雅》：指《诗经》中的《大雅·文王》篇。《诗经》分为《风》《雅》《颂》，其中《雅》又分为《大雅》和《小雅》。

㉓ 无念尔祖：怎么能够不追念你的先祖呢？尔祖，你的祖先；尔，你。

㉔ 聿（yù）修厥德：意思是修述其先祖的功德。聿，发语词，无实义；修，继承；厥，代词，此处指代文王。

孝 经

解读

有一天,孔子在家里闲坐,他的弟子曾参也陪坐在他的一旁。孔子说:"先圣帝王都具有至高无上的美德和非常重要的道理。用它来治理天下,天下的人民,都能够很和气的相亲相敬,上自天子,下至庶人,都不会相互仇恨。你懂得其中的道理吗?"

曾参离开座位站起来恭敬地说:"我不够聪敏,怎么能够明白先王的至德要道呢?"

于是孔子就告诉曾子说:"所谓的孝,是一切德行的根本,也是教化产生的根源。你回到原来位置坐下,我慢慢地告诉你。人的身体、四肢、毛发、皮肤,都是父母赋予的,所以你就应当体念父母疼爱儿女的心,保护自己的身体,不让它受到丝毫的损坏,这就是孝道的开始。一个自强独立的人,不为外界利欲所摆布,那他一定有一个好人格,这就是立身。他做事情,走正道,不越轨,不妄行,有始有终,这就是行道。他的人格道德为众人所景仰,其名誉不仅当世被传诵,且将要名扬于后世。这样一来,他父母的声名,也因儿女的德望而显赫荣耀起来,这便是孝道的终极目标。这个孝道,最初是从侍奉父母开始,然后效力于国君,最终建功立业,功成名就。"

《诗经·大雅》上说:"你怎么能不追念你的先祖文王的德行呢?如你思念他们,你就得先修持你自己的德行,然后将他的功德修养发扬光大。"

故事链接

闵子骞感动后母

闵子骞是春秋时鲁国人,他和曾参一样,都是孔子的学生。闵子骞也和舜一样，幼年时亲生母亲便离开人世，他从此失去了母爱。

父亲为了生活，又娶了一个妻子。这位继母起初并没有亏待闵子骞，但在她生了两个儿子以后，闵子骞就没有好日子过了。

继母对两个自己怀胎十月所生的儿子，无微不至地呵护着，可却把闵子骞当小仆人般差遣。每天，闵子骞都要面对继母凶恶的表情，还要做许多继母派给他的工作。

至于他那两个同父异母的弟弟呢？他们在母亲的羽翼下，整日愉快地嬉戏，享受被母亲宠爱的幸福。

乖巧孝顺的闵子骞，虽然受到了继母的不公平待遇，但是他从来不向父亲抱怨，他怕父亲担忧。而父亲也一直没有察觉，始终蒙在鼓里。

直到有一年的冬天，皑皑的白雪，厚厚地覆盖在屋顶及道路上，已经一连下了好几天的雪了。虽然景致颇佳，不过实在是太冷了，有事外出的行人都缩着脖子，直打哆嗦。

闵子骞的父亲见天气寒冷，就对妻子说："天气这么冷，我看，你再为孩子们准备几件冬衣吧！"

"我心里也是这么想的。"继母回答。

隔天，继母便开始缝制冬衣。由于私心的驱使，她竟准备了两种不同的材料。

给自己亲生儿子穿的，她塞进了厚厚的棉花，细心装填缝制，而给闵子骞穿的，里头竟然是芦絮。

几天后，闵子骞的父亲有事外出，他唤来闵子骞，说："子骞，爹要出去一趟，你来帮爹驾车。"

孝顺的闵子骞立刻去准备。

一到屋外，凛冽的寒风迎面袭来，闵子骞身上虽然穿着继母缝制的芦袄，可是芦絮一点也不保暖，根本抵御不了强大的寒风。

闵子骞不知道自己穿的并非棉袄,心里还暗自想着:"哇,今年冬天似乎特别冷,瞧我穿了一身冬衣,却一点也不觉得暖和。"

不一会儿,闵子骞的身体逐渐被冻僵,手开始不听使唤了,他努力想让双手活动,好继续牵引马车,可是努力了很久,根本使不上劲儿。

父亲察觉有异样,便出声问道:"子骞,怎么了?是不是马车坏了?"

"不是的,爹,马车没坏,我这就帮您驱车。"闵子骞连忙回答。

闵子骞要求自己再加把劲,希望能顺利驱驾马车。可是马车不但一动也不动,缰绳也因为他的手僵硬,无法控制而跌落,并钩破了他那单薄的芦袄。

父亲见状,从马车上下来,有些生气地责备他:"你今天是怎么了,做事这样漫不经心?"

"爹,我……"闵子骞欲言又止。

这时候,闵子骞的父亲才发现,儿子已经冻得嘴唇发紫,浑身颤抖不停,寒风里,飘飞着因衣服绽裂而散落的芦絮。

父亲见状,紧紧地抱着闵子骞,爱怜和歉疚之心油然而生。他说:"孩子,委屈你了。"

回到家里,闵子骞的父亲怀疑另外两个儿子穿的不是芦袄,于是把他们叫过来摸摸看。果然不出所料,他们穿的正是棉袄。

顿时,闵子骞的父亲燃起了怒火,他生气地斥责妻子说:"想不到你是这种心胸狭窄的女人,对待子骞这么刻薄无情。这些年来我竟然一点都不知情,你叫我怎么对得起子骞死去的母亲呢?你还是赶快滚吧,免得有一天子骞被你折磨死。"

"我知道错了,求求你不要赶我出去,求求你!"继母跪着向闵子骞的父亲忏悔求饶,泣不成声。

两个弟弟见了这情景,也吓得哭成一团儿。这时,闵子骞走到父亲面前跪下，向父亲苦苦哀求："爹，请您不要把娘赶走。娘在家，只有我一个人穿不暖，可是一旦娘离开这个家，我和两个弟弟都失去了娘的照顾，都要受饥寒啊！"

闵子骞这番话，说得父亲心里既难过又感动，最后终于让妻子留了下来。而闵子骞的继母见他这么懂事明理，自己觉得很惭愧，于是痛改前非，对待三个孩子都一视同仁了。这件事在乡里传了开来，人人都赞美闵子骞的孝心。

乐正子春闭门思过

乐正子春是春秋时代鲁国人，曾参的学生。有一天，他从高台阶上走下来，一下子踩空跌倒了，崴了脚脖子，疼得直叫。

家人闻声跑来，将他扶起，搀到屋里，让他倒在床上，便跑去请医生。看着乐正子春满是冷汗的面孔，母亲心疼得直掉泪，埋怨儿子毛手毛脚，不知爱惜自己，这么大了还让父母操心。

乐正子春崴脚，母亲流泪，真是十指牵心啊！他好后悔，为什么自己这么不小心，崴了脚，让父母跟着操心。

经医生的推拿，又吃了两服药，乐正子春的脚很快就好了。人们奇怪的是乐正子春还是不出门，而且见了家人脸上还现出惭愧的脸色。一问才知道，他是在闭门思过呀。

乐正子春说："我听老师讲过，当子女的应当爱惜自己的身体，父母生下完完全全的身体，就应完完全全地保存下来。这样才能对得起父母，才能说是孝敬父母，不该无缘无故地毁伤自己的身体。这是孝敬父母的起码要求啊！我想，凡是能够做到恭敬谨慎孝敬父母的人，就不会使自己的身体无故受到损伤。我走路把脚崴了，辜负了老师的教导，也忘记了对父母的孝敬啊！"

乐正子春走路不小心崴了脚，竟一连几个月没有出门，在家闭门思过。他的老师曾子知道了这件事也赞扬他能从各个方面去思考孝敬父母，处处恭敬谨慎，严格要求自己、修养自己。

天子章第二

　　从这一章开始具体讲孝。第二章到第六章分别按尊卑次序讲述了自天子至庶人的五种孝行的具体内容。这五孝分别是天子、诸侯、卿大夫、士、庶人五个等级的孝行。

　　这一章讲述天子的孝道。天子是一国之君，他的地位居万民之首，他的思想行动是万民的表率。他若能实行孝道，对父母尽其爱敬之情，那么，全国人民就会效法去敬爱他们的父母。

　　天子之孝有两个重要内容，第一天子必须具备广敬博爱的心，第二天子必须承担撒播爱心的责任。

　　上行而下效，孔子深深懂得，如果天子行了孝道，那么他的臣民就会受到感化，就会以天子为榜样，这样推行孝道就容易得多。同时，天子的品德如何关系到天下黎民百姓的命运，关系到一个国家的衰败和兴旺，所以"天子之孝"至关重要。

　　孔子是一位了不起的大教育家，他提倡的孝道面对的是每一个人，行孝不分尊卑贵贱，只不过是不同的人行孝的侧重点有所不同。天子要以身作则，教化百姓，引导百姓于无形。他的言传身教之美德，如风吹草，自然风行草偃，很快就普及到百姓身上，人们争相效法。正如《尚书》所说的，天子有善行，天下的人民都可以信赖他，依靠他。

　　天子之孝，为五孝之冠，是国家长治久安的根本，尤为重要。

孝 经

子曰：爱亲者，不敢恶于人①；敬亲者，不敢慢于人②。爱敬尽于事亲，而德教加于百姓③，刑于四海④，盖⑤天子⑥之孝也。

《甫刑》⑦云：一人有庆，兆民赖之⑧。

注释

❶爱亲者，不敢恶于人：亲爱自己父母的人，就不会讨厌别人的父母。意思是说天子要将对自己父母的孝心扩大到天下所有的人的父母。爱亲，亲爱自己的父母；恶，厌恶、憎恨。

❷敬亲者，不敢慢于人：意思是尊敬自己父母的人，就不敢轻易怠慢别人的父母。慢，轻侮，怠慢。

❸德教加于百姓：将德教施于万民的意思。德教，道德修养的教育，即孝道的教育；加，施加。

❹刑于四海：作为天下的典型。刑，通"型"，典范，榜样；四海，古代以为中国四境环海，故称四方为四海，即天下。

❺盖：句首语气词。

❻天子：古代统治天下的君主。意为接受天命而治理人民，是天帝之子。

❼《甫刑》：《尚书·吕刑》篇的别名，是吕侯所作。吕侯，周穆王的臣子，为司寇，穆王命他作书，取法夏时轻刑之法，以布告天下。后因吕侯后代改封甫侯，故又名《甫刑》。

❽一人有庆，兆民赖之：意思是说天子行孝，天下亿万的民众都仰赖他。一人，指天子；庆，善事，此处专指爱敬父母的孝行；

兆民，万民，指天下的百姓；赖，依靠、凭借的意思。

解读

孔子说："天子如果能够热爱自己的父母，就不会厌恶别人的父母；如果能够敬奉自己的父母，也就不会怠慢别人的父母。天子以亲爱恭敬的心尽心尽力地侍奉父母，并且施展教化于万民百姓之中，那么他在普天之下就成为四海效法的榜样，这就是天子的应尽的孝道啊！"

《尚书·甫刑》上说："如果天子有敬亲爱亲的善行，那么天下的亿万百姓也都会受到他的鼓励，并且效法他，从而敬爱他们自己的父母了。"

故事链接

汉文帝为母亲尝汤药

西汉时期的汉文帝刘恒，他是刘邦的第三个儿子，原本不是太子，却因孝顺贤能，而被大臣们拥上了皇位。汉文帝继位以后，没有一点儿傲慢之气，侍奉母亲薄太后更是殷勤体贴。

有一次，汉文帝的母亲突然生病了，汉文帝心里十分着急，每天上完早朝，就急忙带着太医去查看母亲的病情，看看母亲的身体有没有好一些。

天气变冷了，汉文帝怕母亲着凉，就守在她的身边，以便随时帮她盖被子。天气变热了，又忙着帮母亲扇扇子，驱蚊子。母亲休息睡觉时，汉文帝就让宫女们的动作轻一点，以免吵醒母亲。

汉文帝自己困了，就坐在母亲的床边打瞌睡，连衣服也不解开，以便母亲随时召唤。母亲口渴时，汉文帝连忙端了茶过来。就连母亲喝药，他

孝 经

也要先端过来尝一尝，试试这药苦不苦啊，烫不烫啊，觉得差不多了，才放心给母亲服用。汉文帝还担心母亲因病而影响心情，就每天讲一些笑话来逗母亲开心。

太后看着汉文帝每天这样忙来忙去，一天比一天瘦，心疼至极，说："皇儿，宫里这么多人，都可以照顾我，你不要这么辛苦了，而我的病又不是三两天就能好的，以后叫宫女们服侍我就可以了。"

汉文帝跪下来对母亲说："孩儿不在您有生之年亲自替您做点事，那要什么时候才有机会报答您的养育之恩呢？"

太后说："但是，你身为一国之君，应该以天下百姓为重。"

汉文帝说："现在天下的百姓安居乐业，母后不要担心，安心养病才是，孩儿自会处理好。"太后为自己有这样一个儿子而感到欣慰，泪水再也忍不住，哗啦啦地流了下来。

谁知，太后这一病，居然病了三年，可是汉文帝呢，也整整照顾了她三年，几乎没睡过一个好觉。汉文帝虽贵为天子，却如此照顾久病在床的母亲，确实不易，他的耐心，他的柔和，他的勤劳，他的体贴真正做到了"亲有疾，药先尝，昼夜侍，不离床"。

古人说得很清楚，"孝"就是对父母养育之恩的一种回报：父母给了你生命，所以你要善待父母之生命；父母宁愿自己挨饿受冻，也要让你吃饱穿暖，所以你要照顾父母之温饱；你在父母怀抱有三年时间完全不能自立，完全依赖父母而生存，所以父母死后你要守孝三年。

父母对子女的关爱在范围上是无限的，父母对子女的照顾在时间上也是无限的。面对这广大而无限的"慈"，照顾父母，是理所应当的。

对待自己的母亲，汉文帝做到了"目不交睫，衣不解带"，而且一个皇帝能够在母亲生病时"亲尝汤药"，这种至孝的行为自然能够成为万民表率，在无形中起到教化的作用，这就应了孔老夫子所说的"一人有庆，兆民赖之"那句话。

拓跋宏为父吸痈

拓跋（bá）宏是北魏时代一个很有作为的政治家。在他很小的时候，父亲魏献文帝就把他立为皇太子。拓跋宏幼年丧母，他的祖母冯太后把他抚养成人。冯太后是一个很能干的女政治家，但是极其霸道，在处理朝政的时候，常常与魏献文帝产生分歧。

皇帝和冯太后关系紧张，作为皇太子的拓跋宏有些事就特别难办了，但他很会处理复杂的宫廷关系。由于拓跋宏是由冯太后抚养成人的，他尊敬祖母，听从她的教导。专横的冯太后觉得拓跋宏这个年幼的小孙子比当皇上的儿子好控制，总想让小孙子早点继位当上皇帝。为了达到这个目的，她甚至想谋害魏献文帝。

拓跋宏年纪虽小，却十分懂事，对父亲极孝顺。他从来不依仗着祖母对他的恩宠对父亲施加压力。

有一年，在复杂的宫廷斗争中，魏献文帝一急之下，后背上长了一个毒痈（yōng）。太医们用了各种各样的药，病都不见好。冯太后见了很高兴，她想，要是皇上长的毒痈治不好，他一死，我就把皇孙宏儿扶上金銮殿当皇上。可她的孙子却不这么想，他天天跑到父亲的寝宫探视。

父亲背上的毒痈越长越大，疼得魏献文帝额头上冒出冷汗，在床上翻来覆去地大喊大叫。拓跋宏很难过，他守候在父亲床前，宫女送来的药，他总是先亲口尝一尝，然后再让父亲喝下。可是，一连吃了几剂御医开的药，毒痈并不见下去。夜间，拓跋宏住在自己的寝宫中都能听见父亲的喊声，他心里十分难过，恨不得替父亲生病。

第二天，宫中的太监们都在悄悄议论："皇上怕是活不了几天了！"拓跋宏听了，心中十分害怕，他赶快来到父亲的宫里，见父皇背上的毒痈隆起得更高了，毒痈的尖儿亮亮的，显然里面全是脓血，有的地方已经破了。拓跋宏问太医："是不是把痈里的脓血吸出来，父皇的病就会好了呢？""也许……"太医惊恐地说，"臣不敢担保。"

没想到，皇太子拓跋宏扑上去，用嘴对准了父亲背上的毒痈，像婴儿吸吮奶头那样用力一吸，竟然吸出来一大口脓血！宫女们都吓坏了，赶快送过清水让太子漱口。吸出了脓血之后，皇上立刻轻松了许多。过了几天，魏献文帝的毒痈消失了，病竟然完全好了。

一年以后，魏献文帝为了缓和同冯太后的矛盾，把皇位让给了儿子拓跋宏，这时的拓跋宏才只有五岁。把皇位让给一个五岁的孩子，这种做法也许是很荒唐的，但是拓跋宏孝敬长辈的品质却从此传为美谈。他就是历史上很有作为的改革家魏孝文帝元宏。

诸侯章第三

在西周时期,我国实行的是分封制,周天子把天下分成许多小的诸侯国家,每个诸侯国的国君都叫诸侯。诸侯的封土可以世袭,对王朝所尽的义务主要是服从王朝政令,定期朝贡天子,向天子述职,必要的时候出兵和为王朝服役。

西周开国时,诸侯的地位虽次于天子,但是作为一国或者一地的首长,地位也算很高了。虽然这些诸侯高高在上,但是还有天子在上管辖着他们,所以讲了天子的孝之后,就讲诸侯的孝。

诸侯的权能,是上奉天子之命,以管辖民众;下受民众的拥戴,以服从天子。一国所有的军事、政治、经济、文化等各项要政,都得由他处理。这种地位,极容易犯凌上慢下的错误。犯了这种错误,不是天子猜忌,便是民众怨恨,那么危险就快到来了。

因而孔子在"诸侯之孝"中强调得更多的是诸侯的处世哲学,那就是要做到"在上不骄""满而不溢",在日常的政务中小心谨慎,就像"如临深渊,如履薄冰"。如果做到了以上几点,他就会取得百姓的支持和认同,同时也就能保住自己的地位。孔子确实有真知灼见,无数的历史事实都证实了这一点。

孝 经

在上不骄①，高而不危②；制节③谨度④，满而不溢⑤。高而不危，所以长守贵⑥也；满而不溢，所以长守富⑦也。

富贵不离其身，然后能保其社稷⑧，而和其民人⑨，盖诸侯⑩之孝也。

《诗》⑪云：战战兢兢，如临深渊，如履薄冰⑫。

注释

❶ 在上不骄：地位在上而不骄傲。在上，诸侯为一国之君，地位仅次于天子，而在万民之上；不骄，没有骄傲之心，即能守法合礼之意。骄，自满，自高自大。

❷ 高而不危：处于高位而没有危险。高，指诸侯居于列国最高之位；危，危险。

❸ 制节：指所有开支费用节约俭省。

❹ 谨度：指行为举止谦逊谨慎而合乎典章制度。

❺ 满而不溢：指财富充足但不奢侈浪费。满，充实，指国库充裕；溢，这里指超越标准的奢侈、浪费。

❻ 长守贵：长久地守住尊贵的地位。贵，指政治地位高。

❼ 长守富：长久地守住财富。富，指钱财多。

❽ 社稷：指国家。社，土神；稷，谷神。土地与谷物是国家的根本，古代立国必先祭社稷之神，因而，社稷便成为国家的代称。

❾ 和其民人：使人民和睦相处。和，和睦，这里是"使……和睦"的意思；民人，百姓。

❿ 诸侯：指由天子分封的国君。

⓫《诗》：即《诗经》。汉代以前《诗经》只称为《诗》，汉武帝尊崇儒术，重视儒家著作，才加上"经"字，称为《诗经》。

⓬战战兢兢，如临深渊，如履薄冰：意思是说恐惧谨慎，担心坠入深渊不可复出，担心陷入薄冰下不可拯救。战战，恐惧的样子；兢兢，谨慎的样子；临，靠近；渊，深水，深潭；履，踏，踩。

解读

身为诸侯，在众人之上而不骄傲，其位置再高也不会有倾覆的危险。如果做到事事节省费用，慎守法度，即使国家经费充裕也不会追求豪华而奢侈浪费。居高位而没有倾覆的危险，所以能够长久保持自己的尊贵地位；财富充裕而不奢靡挥霍，所以能够长久地守住自己的财富。

身为诸侯，要首先使富贵不离开自身，然后才能确保他的社稷，与其黎民百姓和睦相处。这应该就是诸侯应尽的孝道吧。

《诗经·小雅》里说："身居诸侯之位，常常要警戒畏惧，谨慎小心地处事，就像身临深水潭边恐怕坠落，脚踩薄冰之上担心陷下去那样。"

故事链接

颖考叔讲孝道感召庄公

颖考叔是春秋时期郑国人，是郑庄公手下的一个管理疆界的官员。

郑庄公出生时脚先出来，他的母亲武姜氏因为这个特别讨厌他，而偏向他的弟弟共叔段，想立共叔段为国君。但是由于庄公的父亲武公不同意，最终还是庄公继了位。

郑庄公继位之后，武姜氏千方百计地帮着共叔段扩充势力，伺机夺

孝 经

权。郑庄公欲擒先纵，待时机成熟时，先发制人。在共叔段攻打京城前，一举打败共叔段于鄢地。共叔段逃亡到国外，妄想打开京城之门做内应的武姜氏被放逐到城颖。

郑庄公对其母发誓说："不到黄泉，咱们不要再见面了。"武姜氏再不对，毕竟是自己的母亲呀，过了一段时间，气消了之后，郑庄公又觉得自己也有些过分。可话已经说出了嘴，又有什么办法呢？

颖考叔听到这件事后，找了个借口，见到了郑庄公。郑庄公招待他吃饭，席间庄公发现颖考叔把肉食都放到一边，从不动筷，就好奇地问："你怎么不吃肉食呢？"

颖考叔赶忙回答说："小人不是不吃肉食，而是因为我上有老母。我

们家的好东西她老人家都吃着了，但从来没有吃过国君您这样好的菜肴，请允许我把这些菜带回去给我老母尝尝。"

郑庄公说："你还有母亲，吃什么还可以想着她，给她带回去吃，我就没有这种福分了。"

颍考叔明知故问地说："我能问一下，您这话是什么意思吗？"庄公把放逐母亲于城颍，并发誓不再相见的事说了一遍，在诉说时流露出悔恨的情感。

颍考叔觉得时机已到，就开导说："您有什么可忧虑的呢？假如您深挖地，到有泉水处，打一个隧道，母子在隧道里相见，谁能说这不是在黄泉中相见呢？"郑庄公高兴地听从了颍考叔的话。

隧道打通了，庄公在进隧道时，十分激动，就赋诗一首，其中一句说："大隧之中其乐融融。"武姜氏出了隧道以后，也感慨万端，懊悔不已，也赋诗一首，其中一句是："大隧之外，其乐也泄泄。"从此母子和好如初，就好像任何事情也没发生一样。

乞伏保真心事继母

乞伏保是北魏献文帝时高车部人。他的父亲乞居，曾经做过散骑常侍，后封为宁国侯。乞伏保的生母死得很早，由献文帝赐给他父亲的宫女申氏作为继母来抚养他。

继母申氏性情古怪，整天板着面孔，常发牢骚，耍性子，动不动就申斥别人。由于她出身宫女，极少接触小孩，所以对乞伏保十分苛刻，他根本看不到一丝笑容，也感受不到一点母亲的温情。

乞伏保在继母面前常常吓得两腿打哆嗦，继母骂他没有小侯爷的派头；乞伏保站直了，她又骂伏保不恭敬。乞伏保写字、读书，她在旁边评头品足,时而拿起笔管敲伏保的脑门,诸如此类,不一而足。可乞伏保心里却连一句埋怨的话也没有,从来也没顶撞过一句。

继母申氏以为乞伏保怕她,所以变本加厉,越发苛刻,几乎近于狠毒了。继母让他顶替仆人去干很重的活,而且想打就打,想骂就骂,从不间断。

父亲曾责问过申氏,可因为是皇上赐给的宫女,也拿她没办法。乞伏保知道后怕父亲为难,就跟父亲说:"继母对我很好,没有她我怎么会长大成人呢,怎么会知道要尊敬长辈,要勤奋、要能吃苦呢?"父亲内心的慰藉化作数滴老泪涌出双眼。为了不让父亲分心,为了家庭的和睦,乞伏保更加尊敬继母了。

伏保长大以后,继承了父亲的官位,每次得了俸禄或赏赐,都完完整整地一文不少地交给继母。晚归的时候,无论公事、私事也都原原本本地告诉继母。

继母年岁很大了,性情更加古怪专横了,更听不进别人的话了。后来,乞伏保出任大将军,因为住所离家太远,只好请继母跟他一起到住所居住,八十多岁的申氏说什么也不答应。乞伏保以真情相劝,继母答应了。

乞伏保亲自扶她上车,又怕她在车上受到惊动,一路上用手紧紧地扶着车辕,步行到了住所。继母申氏高高兴兴地在住所住了三年。

卿大夫章第四

　　卿大夫在社会中是起一个承上启下的作用，对上帮助君王制定政策，辅助君王治理国家，有效地把君王的思想贯穿下去，对下他们是全国行政的枢纽，是具体执行者。

　　卿大夫虽没有守土治民的重大责任，但作为政府的中坚力量，君主诸侯的辅佐，对政治也具有很大的影响。卿大夫在言语上、行动上要和于礼法，起到示范人群的作用，所以地位也很高，仅次于诸侯，因而孔子将"卿大夫之孝"列为第四章。

　　孔子将"卿大夫之孝"阐述得很具体很实在，主要有三个方面：服饰、言论和行动。

　　服饰是一个人身份的标志，卿大夫必须依据礼制来穿着自己的服饰，这样一方面可以代表官方的身份，便于处理公务。另一方面也是为了接受百姓的监督，对卿大夫起到一种警示的作用。

　　言论和行动是"卿大夫之孝"的重点内容，卿大夫的一言一行一举一动，老百姓都看在眼里，记在心里，也会表现在行动上。因此，孔子在此章里就强调卿大夫的言行一定要符合礼仪的规定，为老百姓做出好的表率。卿大夫要像《诗经》所提到的仲山甫那样，从早到晚毫无懈怠，尽心竭力地侍奉君主。

孝 经

非先王之法服①，不敢服②；非先王之法言③，不敢道；非先王之德行④，不敢行。

是故，非法不言，非道不行⑤：口无择言，身无择行⑥；言满天下无口过⑦，行满天下无怨恶⑧。三者备⑨矣，然后能守其宗庙⑩，盖卿大夫⑪之孝也。

《诗》云：夙夜匪懈，以事一人⑫。

注释

① 法服：按照礼法制定的服装。古代服装式样、颜色、花纹图案、质料等，不同的等级，不同的身份，有不同的规定。

② 不敢服：不敢穿。

③ 法言：礼法之言，指合于情、理、法的言论。

④ 德行：指符合道德标准的行为。一说指"六德"，即仁、义、礼、智、忠、信。

⑤ 非道不行：不符合道德的事不做，行必遵道。

⑥ 口无择言，身无择行：言行都合乎礼义，用不着斟酌选择。

⑦ 言满天下无口过：虽然言谈传遍天下，但是天下之人都不觉得有什么过错。满，充满，遍布；口过，言语的过失。

⑧ 怨恶：怨恨，不满。

⑨ 三者备：指三者都具备。三者，指服、言、行，即法服、法言、德行；备，完备齐全。

⑩ 宗庙：古时立祖宗神像以祭祀的场所。

卿大夫章第四

⓫ 卿大夫：指地位仅次于诸侯的高级官员。
⓬ 夙（sù）夜匪懈，以事一人：出自《诗经·大雅·烝民》篇，原诗是赞美周宣王的卿大夫仲山甫，从早到晚，毫无懈怠，竭心尽力地侍奉宣王一人。夙，早；匪，非，不；懈，松懈，懈怠；一人，指周天子。

解读

不符合先王所制定的礼法的衣服，绝不敢随意地穿在身上；不符合先王所制定的礼法的言辞，绝不敢随意说出口；不是先王所遵循的道德行为，绝不敢任意推行。

因此，不敢乱说不合礼法的言论，不敢推行不合礼法的行为。如果所说的每一句话都合乎礼法，也就用不着担心会有什么失误而去选择好坏。如果所做的每一件事，都合乎道德标准，也就不用担心有什么过错而有所选择。尽管说的话多并流传天下，但他决不会说错话；尽管做的事多天下人也看得很清楚，但决不会遭人怨恶。如果以上所说的三项：不是先王所制定的法服，就不敢穿在身上；不是先王所制定的法言，就不敢说出口；不是先王所遵循的德行，绝不敢任意推行，卿大夫都能做到的话，然后方能永远守住他的先祖的宗庙，这便是卿大夫应尽的孝道了。

《诗经》上说："不论早或晚，都要尽心尽力侍奉天子，不可有任何懈怠。"

故事链接

苏武牧羊

苏武是代郡太守，华夏志士，苏建之子。早年以父荫为郎，稍迁至

孝 经

栘（yí）中厩监。天汉元年，就是公元前100年，拜中郎将。当时汉朝和匈奴的关系时好时坏。

公元前100年，匈奴新单于即位，尊大汉为丈人，汉武帝为了表示友好，派遣苏武率领一百多人出使匈奴，持旄（máo）节护送扣留在汉的匈奴使者回国，顺便送给单于丰厚的礼物，以答谢单于。

不料，就在苏武完成了出使任务，准备返回自己的国家时，匈奴上层发生了内乱，苏武一行受到牵连，被扣留下来，并被要求背叛汉朝，臣服单于。

最初，单于派卫律向苏武游说，许以丰厚的俸禄和高官，苏武严词拒绝了。匈奴见劝说没有用，就决定用酷刑。当时正值严冬，天上下着鹅毛大雪。单于命人把苏武关进一个露天的大地穴，断绝提供食品和水，希望

这样可以改变苏武的信念。时间一天天过去，苏武在地窖里受尽了折磨。渴了，他就吃一把雪，饿了，就嚼身上穿的羊皮袄，冷了，就缩在角落里取暖。过了好些天，单于见濒临死亡的苏武仍然没有屈服的表示，只好把苏武放出来了。

单于知道无论软的，还是硬的，劝说苏武投降都没有希望，就越发敬重苏武的气节，不忍心杀苏武，又不想让他返回自己的国家，于是决定把苏武流放到西伯利亚的贝加尔湖一带，让他去牧羊。临行前，单于召见苏武说："既然你不投降，那我就让你去放羊，什么时候这些羊生了羊羔，我就让你回到你的大汉去。"

苏武与他的同伴分开后，被流放到了人迹罕至的贝加尔湖边。他发现这些羊全是公羊。在这里，单凭个人的能力是无论如何也逃不掉的。唯一与苏武做伴的是那根代表汉朝的使节和一小群羊。

苏武每天拿着这根使节放羊，心想总有一天能够拿着它回到自己的国家。渴了，他就吃一把雪，饿了，就挖野鼠收集的野果充饥，冷了，就抱羊取暖。这样日复一日，年复一年，使节上挂着的牦牛尾装饰物都掉光了，苏武的头发和胡须也都变花白了。

在贝加尔湖，苏武牧羊长达十九年之久。十几年来，当初下了命令囚禁他的匈奴单于已去世了，汉武帝也死了，汉武帝的儿子汉昭帝继任皇位。

公元前85年，匈奴起了内乱，单于没有力量再跟汉朝打仗，又打发使者要求和好了。汉昭帝派出使者来到匈奴，要求放回苏武、常惠等人，匈奴骗使者说苏武已经死了。

第二次，汉朝又派使者到匈奴去。常惠买通了单于的手下人，私底下跟使者见面。使者明白了底细，就严厉地责备单于说："我们皇上在上林苑射下了一只大雁，大雁的脚上拴着一条绸子，是苏武亲笔写的一封信。

他说他在北海放羊。您怎么可以骗人呢？"单于听了吓了一大跳，说："苏武的忠义感动飞鸟了！"他向使者道歉，答应一定送回苏武。

当初苏武出使时，随从的人有一百多，这次跟着他回来的只剩了常惠等几个人了。苏武出使时刚四十岁，在匈奴受难十九年。

在昭帝始元六年，也就是公元前81年，苏武终于回到了长安。当他回到长安之后，百姓都出门迎接，称赞他是个有气节的大丈夫。

杜环义奉常母

杜环是明初官吏，他的父亲杜一元有位朋友是兵部主事常允恭。常允恭在九江去世之后，家境衰败。

常允恭的母亲张氏，年已六十多岁了，在九江城下伤心地痛哭，哀叹自己无人奉养。

有认识常允恭的人，可怜张氏年老，告诉她现在的安庆太守谭敬先，是常允恭的朋友，让她前去投奔。那人说，念及与常允恭旧日的交情，谭敬先一定会照管她的。

老夫人遵从这个人的指点，坐船到了谭敬先处。可是谭敬先婉言谢绝，不肯容纳。

老夫人处境非常窘迫。想到常允恭曾在金陵做过官，亲戚好友或许还有存在的，也许能有点希望。可是当她到了金陵，一个也没有访到。

老夫人又打听杜一元家在什么地方。知道情况的人告诉说："杜一元已经去世很久了，只有他的儿子杜环还在。"并告诉她他家位于鹭州坊中，门口有两棵枯树可以辨认。

张氏穿着破旧衣服，走投无路，只好投奔杜环家。此时，杜环正陪着客人，见到常母这副样子非常惊讶。一打听，常母便把遭遇哭着告诉他。

杜环听着也流下了眼泪。

杜环扶着老人坐下，对老人行了晚辈之礼，又呼唤妻子和孩子来行礼。

杜环的妻子马氏换下常母的湿衣服，又脱下自己的衣服给常母穿，捧着粥让常母吃，抱来被子让常母歇息。

常母问起平素常允恭较为亲近的、情谊深厚的老朋友和她的小儿子常伯章的下落。杜环知道常允恭的老朋友没有存世的了，又不知常伯章的死活。只好婉转地安慰常母说："天正下雨，等雨停了替您老人家打听一下他们的近况。假若没有人侍奉您老人家，我家即使再贫穷，也能奉养得起您老人家。况且我父亲和常老伯亲如兄弟，现在您老人家贫困窘迫，不到别人家去，投奔到我家来，这也是两位老人在天之灵把您老人家引导来的啊！希望您老人家就别见外了。"

孝 经

当时正值战后，年成不好。一般人家亲生骨肉都不能保全。常母见杜家也不富足，雨停后坚持要再找找其他朋友。杜环只好派一个陪嫁的婢女跟着同行。

到了天黑，常母再也找不到熟人，只好返回来，才安心住下来。杜环买了布料，让妻子替常母缝制衣服被褥。

杜环一家人，都像对待母亲一样地侍奉她。常母性情急躁，稍有不满就生气骂人。杜环私下告诫家人，要顺从她的心愿，不要因为她处境困难就轻视、怠慢她。

常母患老年疾病，杜环亲自替她煎药，送勺匙、筷子。

过了十年，杜环做了太常寺的赞礼郎，奉皇帝的诏令，到会稽举行祭祀。返回时，路过嘉兴，正遇到常母的小儿子常伯章。杜环告诉他说："你的母亲在我家，日夜想念你，都想病了，你要早点去见她！"

常伯章不以为然，只说："我也知道这情况，只是因道远没能去罢了。"杜环回到家，又过了半年多，常伯章才来。

这一天，正是杜环的生日。常母看到自己的小儿子，放声大哭。杜环家里的人要制止她，说这不吉利。

杜环说："这是人之常情啊！有什么不吉利的？"

过些日子，常伯章看到母亲年老，不能远走，竟然谎称办其他事情，辞别而去，再也没有回来看望老母。

杜环侍奉常母更加慎重小心。然而，常母越来越思念儿子伯章，病情越来越重了。快要断气时，常母指着杜环说："我拖累你了，拖累你了！你比我的亲儿子还要亲！愿你的子孙都像你这样忠厚善良啊！"

杜环备办了棺材和套棺，隆重地安葬了常母，每年还按时节为她祭祀。杜环悉心照料常母十几年，一直到养老送终。大家都称赞他的孝行，说他是仁爱的典型。

士章第五

　　士是周朝以来的一个贵族等级，是贵族的最下层。士是社会的中坚，他们拥有自己的专长，如果想要实现自己的价值，必须投靠在别人的门下，被重用之后才能真正实现自己的价值。

　　士的官位虽然不高，但为国尽职为君尽忠的要求和卿大夫是一样的，孔子将"士之孝"列为第五章，他运用了非常巧妙的方法来说明士应该遵循的孝道。

　　孔子说："士人的孝道，包括爱敬，就是要把爱敬父亲的爱心移来以爱母亲，那亲爱的心思，是一样的。再把爱敬父亲的敬心，移来以敬长官，那恭敬的态度，是一样的。"

　　在本章中，孔子首先用情感转移论来说明士能爱父必定爱母，爱父母必能爱国忠君；士能尊敬父兄，就必能尊敬师长；做到了以上两点，士就能保住自己的俸禄。

　　接着，孔子又谈到了要保住自己俸禄的原因。他认为只有保住了自己的俸禄，才能使父母有所养，祖先有所祭。因此孔子提出了士的孝道重点便是勤勤恳恳，尽职尽责地做好自己的本职工作，不可以辜负了父母对自己的养育之恩。

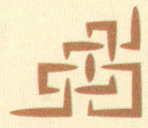

孝 经

资①于事父以事②母，而爱同。资于事父以事君，而敬③同。故母取其爱，而君取其敬，兼之者，父也④。故以孝事君，则忠⑤。以敬事长⑥，则顺。忠顺不失⑦，以事其上，然后能保其禄位⑧，而守其祭祀⑨，盖士⑩之孝也。

《诗》云：夙兴夜寐，无忝尔所生⑪。

注释

❶ 资：取，拿。

❷ 事：侍奉，服侍。

❸ 敬：崇敬，尊敬。

❹ 兼之者，父也：指侍奉父亲，要兼有爱心和敬心。兼，同时具备；之，代词，指爱与敬。

❺ 忠：出自内心的诚挚与竭尽全力的行为。

❻ 长：意思是上级，或者长官。

❼ 忠顺不失：指在忠诚与顺从两个方面都做到没有缺点、过失。失，过错，失误。

❽ 禄位：俸禄和职位。禄与位是相互关联的，有位则有禄，无位则无禄。

❾ 守其祭祀：这里指的是祭祀宗庙祖先。祭祀，指备供祭品，祭天神、地祇、人鬼活动的通称。

❿ 士：是指次于卿大夫的最后一等的爵位，其中分为上士、中士、下士三级。同时士又是低级官吏的名称，如乡士、方士、朝

士、家士。士还是对各种有特殊技能和知识的人的通称，如武士、智士等。

⑪ 夙兴夜寐，无忝（tiǎn）尔所生：出自《诗经·小雅·小宛》，意思是要早起晚睡地去努力，不要辱及生养你的父母。夙，早晨；兴，起，起床；寐，睡觉；无，别，不要；忝，羞辱，侮辱；尔，汝；所生，指生身的父母。

解读

士的孝道，就是要用侍奉父亲的心情去侍奉母亲，爱心是相同的；再用侍奉父亲的心情去侍奉国君，崇敬之心也是相同的。所以爱敬的这个孝道，是相互关联的。侍奉母亲用的是爱心，侍奉国君用的是尊敬之心，而侍奉父亲的孝道则要爱和敬都齐全兼备。换句话说，以侍奉父亲的孝心，转而侍奉天子，就是忠诚；以侍奉父亲的敬心侍奉师长，就是顺从。以忠诚和顺从的心侍奉君王和师长，就能永远保住他的俸禄和官位，而得以长守先祖的祭祀，这便是士应尽的孝道。

《诗经·小雅·小宛》中说："士要早起晚睡地去做自己的工作，不要辜负他们对你的期望，而辱没了生你养你的父母。做人一定要勤勉不怠，自己做事有责任心也反映了父母良好的修为涵养。"

故事链接

子路背米

子路，姓仲名由，孔子的学生。他性格豪爽开朗、好勇，武艺高强，却从不欺负弱者，且尊老爱幼，是乡里有名的大孝子。

子路家里很穷，常常以糠菜充饥。他想，家有穷富，人有高低，但家庭越贫寒，就越应该想方设法孝敬父母，尽心尽力地去侍奉父母，尽量让父母少受些苦。他自己常常吃野菜或灰菜做的菜团子，却设法让父母吃上米饭。

后来，家境稍有好转，子路对父母仍照顾备至，想方设法让二位老人吃好，尽子之孝道。

有一天，子路去五十里外的陬（zōu）邑做买卖，见集市上卖一种米，白白的。子路问："这是什么米？"同行的人告诉他说："这叫稻米，做饭香甜可口！"

子路想，何不背回点让二老尝尝。于是他就买了一口袋，背回家中，给父母煮出香喷喷的白米饭。二老边吃边赞不绝口："白米饭真好吃啊！"

子路见二老这样喜爱白米饭，他就经常去陬邑背米。

后来，子路得知孔子收徒讲学，就前往拜师学习，由于他勤奋刻苦，很快成了孔子的得意门生，可就有一样叫先生不满意：子路总是经常请假回家。

有一天，孔子问子路："你为什么过一段时候就请假回家？"子路见先生问起这事，忙向前行礼回答："先生不知，学生的二老最喜陬邑的白米饭，学生过一段时间就得去陬邑背米，孝敬双亲。"

孔子听了，深为感动，并夸赞他说："子路真是个大孝子啊！"

子路常对人说，背着沉重包袱走远路的人，休息时从不选择地点，因为太累呀！双亲年迈家里又很穷的人，找工作会不管挣钱多少，因为急需钱花啊！

穷贱之时，子路孝顺双亲尽心尽力，富贵之日，子路更时刻怀念双亲。他说，我真愿意回到同父母一起享受欢乐的时刻，可是不能再得到了。

"枯鱼过河泣，何时悔弗及"，二位老人寿数有限，孝子想要孝敬老人，可是二位老人不能等啊。就像草木想着不凋谢，可是霜露不允许啊。没能及时孝敬老人，时机一过，后悔也没有用了。

贫亦孝，富亦孝。子路孝顺父母的深切情感，打动了多少孝子的心啊！

曾参恪尽孝道

曾参，字子与，又称曾子。春秋末年鲁国南武城人。曾参出身贫寒，一生经历坎坷，但终生讲求修身养性，主张"日三省身"。

曾子以孝出名，他不仅行为上恪守孝道，而且还有一套理论主张。他把孝分为三种：大孝尊亲，其次弗辱，其下能养。

曾子在孔子门下受业学习多年，已经学有所成。那时，他家贫寒，为了养活父母，他在离家很近的莒国出仕做小吏。虽然俸禄只有几斗米，但是他仍然十分欢喜，因为能用自己所得供养双亲。后来，他成了大名士，双亲也老了，他就不再外出谋官。当时，各国聘请他做相国，楚国委任他为令尹，晋国请他做上卿，都被他拒绝了。

曾子孝敬双亲，甚至到了愚孝的程度。

一天，曾子到他父亲的瓜地里去锄草。一不小心，把瓜苗锄掉了好几棵。曾子好心疼，自责自己的粗心。

这时，正赶上他父亲拄着棍子来薅（hāo）草，一看见曾子把瓜苗锄掉好几棵，气不打一处来，不问青红皂白，举起棍子，照着曾子的脑袋打来。本来，曾子稍一侧身，棍子就不会落在头上了。但曾子想，自己错了，父亲打几下消消气，就没有躲闪，仍立在原地。因用力过猛，曾子被打倒在地，不省人事了。这下子可吓坏了父亲，后悔自己出手太重。老人连呼带叫，揉了半天，曾子才苏醒过来。

为了不使父亲为自己担忧，曾子赶紧爬起，好像没挨过打似的向父亲赔不是。并走进瓜棚，拿过琴来弹给父亲听，让父亲消气。

曾子不仅对父亲如此，就是对后母也是十分孝敬，甚至休了妻子以敬后母。

曾子的后母对他十分刻薄，一点恩义也没有，但曾子毫无怨言，像对父亲那样，孝顺备至。

有一次，他让妻子为母亲做藜（lí）羹，他的妻子一时粗心，没蒸熟就端了上去。曾子知道后，大为恼火，立刻写了休书，将妻子撵出门去。知情人都认为太过分了，责问他说："妇人犯了七出之条，才能休掉；藜羹不熟，这样区区小事，你为什么要因此休妻呢？"

曾子说："藜羹确实是件小事，但我叫她煮熟奉母，她竟然不听我的话。这样的人，如何可以留下她呢？"

然而曾子毕竟疼爱自己的妻子，为了珍惜夫妻感情，终身没有再娶。

贺若弼成就父志

贺若弼是隋朝灭陈大将，河南洛阳人。他的父亲贺若敦，是北周时很有名气的将领。当时长江以北，北周与北齐以洛阳为界互相对峙。长江以南则是陈朝，北以北齐为邻，西与北周对峙。

那是在武成二年，贺若敦奉命率兵渡过长江，占领了陈朝所辖的湘州。因为孤军深入，粮饷不继，一年后，他又被迫撤回江北。

掌握北周大权的宇文护以失地无功为名，罢了贺若敦的官。自己本来有功，不仅没有得到奖赏，反而受到惩罚，他心里很不服气。心里有怨气，嘴就到处说，因此激怒了宇文护，保定五年，宇文护逼令贺若敦自杀。

贺若敦临死时，把贺若弼叫到跟前，嘱咐说："我曾下决心平定江南，然而这一愿望没有得到实现，你应当完成我的遗志。我因为爱说而致死，你千万不可忘记这个教训啊！"说罢，就用锥子把自己的舌头刺出血来，作为告诫。这时，贺若弼已是二十二岁的青年人了。

贺若弼少年时，胸有大志，为人慷慨，刻苦练武，勇敢不凡，同时又博览群书，在当时贵族子弟中很有名望。后来被齐王宇文宪所看中，让他到齐王府做记室，管理王府的文书。

不久被封为当亭县公，官至小内史，成为皇帝亲近的一名官员，参与一些机要大事的处理。

建德六年，北周武帝灭掉了北齐，完成了北方的统一，形成了和陈朝南北对峙的局面。

大成元年，周宣帝以大将韦孝宽为元帅，率军伐陈，贺若弼跟随出征。周军先后攻占了淮南的寿阳、广陵等数十个城镇，陈朝江北之地尽为北周所占有。在这次战争中，贺若弼立了大功，史称这次战斗的胜利，多出于贺若弼的谋划。

战争结束后，周宣帝提升贺若弼为寿州刺史，改封襄邑郡公，镇守淮南。这为贺若弼实现父亲的遗志创造了条件。

周宣帝死后，大权旁落到丞相、外戚杨坚手中。以尉迟迥为首的大官僚发现了杨坚篡权的野心，便起兵发难。贺若弼因受到怀疑被押解到京师长安给软禁了起来。

杨坚平定反叛后，于581年，废掉宣帝的儿子周静帝，自立为皇帝，改国号为隋，称隋文帝，同时着手准备伐陈统一全国。

这时宰相高颎（jiǒng）向他推荐贺若弼，建议加以重用，说："朝臣之内，论文武才干，没有人能比得上贺若弼。"隋文帝于是任命贺若弼为吴州总管，出镇广陵，肩负伐陈的重任。

广陵和寿州、庐州是隋朝渡江伐陈的根据地,贺若弼喜出望外,因为实现父亲的遗志,完成国家的统一,施展自己雄才大略的千载难逢的机会终于到来了。

到达广陵后,他抑制不住内心的兴奋之情,写了一首诗,赠给寿州总管源雄,诗中写道:

交河骠骑幕,合浦伏波营。
勿使麒麟上,无我二人名。

意思是说,你我统率水陆大军镇守大江之北,肩负伐陈重任,一定要在伐陈战争中取得功名。诗中的"麒麟"是指汉武帝在长安未央宫内所建的麒麟阁,西汉宣帝时曾在阁里图画霍光等十一名功臣画像。

贺若弼引用这个典故与源雄互勉,充分反映了他以伐陈为己任的雄心大志和必胜信心。贺若弼不忘父志,终于为隋朝的统一立了首功,而留名于青史。

庶人章第六

　　庶人又称庶民，在周代是指非贵族的平民，是除了奴隶之外最低的阶层，同时也是最广大、最普通的群体。这些平民是国家社会组织的根本。书云："民为邦本，本固邦宁。"因此孔子将其列为五孝的末章。

　　劳动人民是社会的主体，是社会财富的创造者，这一点孔子认识得很清楚，所以孔子要求广大民众顺应自然规律，勤奋耕作，节省开支，赡养父母，这就是"庶人之孝"。

　　我国自古以来就是一个农业国家，平民的孝道，就是要会利用四时的气候来耕耘收获，以适应天道；分辨土地的性质，来种植庄稼，以收地利之果。

　　平民的孝道，除了上述的利用天时和地利勤于劳作以外，还要谨慎地保重自己的身体，节省家庭用度，使财物充裕，保证食用不缺，以供养父母。

　　这一章还对第二至六章的内容做了一个小结，指出上自天子，下至一般平民，不同等级的人虽然"孝"的内容不尽相同，但行孝却是相同的。

　　总之，孝道本无高下之分，也无终始之别。凡是为人之子女的，都应站在自己的角色上，尽其应尽的责任，大而为国为民，小而保全自身，都算是尽了孝道。

孝 经

用天之道❶，分地之利❷，谨身❸节用❹，以养父母，此庶人❺之孝也。

故自天子至于庶人❻，孝无终始❼，而患不及❽者，未之有也❾。

> **注释**

❶ 用天之道：指做任何事情都要顺应自然规律，这里主要是指按时令变化安排农事，即春生、夏长、秋收、冬藏。用，顺应，依循，利用；天之道，指春温、夏热、秋凉、冬寒的季节变化，阴晴、风雨、雷电的天气变化等自然现象的规律；道，规律，原理，准则。

❷ 分地之利：指区分各种不同的土质、地势以及当地的气候，因地制宜，种植适宜当地生长的农作物，从而获得最大的收成。分，区别，分辨；利，利益，好处。

❸ 谨身：指行为举动谨慎小心。

❹ 节用：指用度花费俭省节约。

❺ 庶人：众人，指一般平民百姓。庶人是指拥有自由身份的平民百姓，古代等级社会中最广大、最普通的一个群体，是最主要的生产者。他们所从事的职业，有士、农、工、商之别。庶，即众、多的意思。

❻ 自天子至于庶人：指上至尊贵的天子，下至诸侯、卿大夫、士，直到庶人。

❼ 孝无终始：指孝道的义理非常广大。从天子到庶人，不分尊

卑，超乎时空，无终无始，永恒存在。不管什么人，在"行孝"这一点上都是一致的。

❽ 而患不及：而担心做不到。患，担忧，忧虑；不及，指做不到。

❾ 未之有也：没有这样的事情。意思是孝行是人人都做得到的，不会做不到。

解读

天道有春生、夏长、秋收、冬藏的规律，地利有各种不同程度可获取的资源，老百姓要善于利用这种天道地利的变化。要谨慎照顾自己的身体，计算开支以节约一切不必要的浪费，以供养自己的父母。这便是庶人应行的孝道。

孝道虽然有五种类别，但都是基于每一个人的天性来孝顺父母的。所以上自天子，下至普通老百姓，孝道是不论尊卑高下的，是无始无终的，是永恒存在的。如果有人担心尽不了孝道的话，那是绝对不可能的事。

故事链接

剡子扮鹿取奶孝双亲

远在几千年以前的周朝，在中国的北方有一个偏僻的小山村。村中住着一个叫剡（yǎn）子的少年。

剡子个儿虽然不高，却很勇敢机智，又特别孝敬父母，村里的大人、小孩都特别喜欢他。剡子常常对村里人说："父亲、母亲生养了我，把我养大不容易，我要像父母爱我那样爱他们。"

剡子不仅是这样说的，也是这样做的。剡子家十分穷困，全靠父母日夜操劳，一家人才勉强得到温饱。

岁月不断流逝，剡子的父母渐渐老了，二老的身体越来越不如以前了。随着他一天天长大，他越发变得懂事了，知道自己应该为父母分忧。

剡子每天天刚蒙蒙亮就起床，帮助父母担水、做饭、打扫院落。侍候父母起了床，一家人吃完早饭，他背着绳索，拎着斧头上山去打柴。

剡子进了大山，凭借着矫健、灵巧的身子，爬上大树，抡起斧头使劲地砍起树杈，斧砍树木的响声在大山里回荡。山野里，有一群鹿惊奇地瞧着剡子，剡子友好地向鹿群招招手，学一声鹿鸣。由于他学得极像，同鹿成了好朋友。

常年的劳累使剡子父母的身体越来越弱了，二老的眼睛都快失明了，这下可急坏了剡子。他到山里为父母采来各种药材治病，总不见效。

有一天，剡子的父亲说："我很小的时候，吃过鹿奶，鹿奶的味道很不错，听说对人的眼睛也有好处。"母亲也补充说："我也听老一辈的人说，鹿奶对人很有滋补作用。"

父母那么想吃鹿奶，上哪儿去弄呢？聪明的剡子突然想起了山间林子里的那群鹿。如果自己装扮成小鹿去采奶，母鹿一定肯帮忙的。

剡子为自己想出这个主意而高兴。他没有对父母讲，怕父母不让他去。剡子来到村里一户猎人家，向猎人借了一张鹿皮。

第二天，剡子提着一个小罐，拿着鹿皮进山了。进了林子，他老远就看见了那群鹿，他把鹿皮蒙在身上，装成一只小鹿，混进了鹿群。

剡子爬到一头母鹿身边，用手轻轻地往小罐里挤奶。因为剡子的动作轻柔，母鹿还以为是一头小鹿在吸奶，于是驯服地让剡子挤，剡子终于挤满了一罐奶。为了不让鹿群发现，他仍然爬行着离开了鹿群。

剡子回到家中，高兴地让父亲喝他带回的新鲜的鹿奶。父母问他是从哪儿弄来的，剡子这才把自己装扮成小鹿挤鹿奶的事告诉他们。

父母很担忧，劝他以后不要再去了。剡子却说："只要二老身体一天天好起来，我吃点苦不算什么！"

从此，剡子一次次地进入深山老林，混进鹿群去挤奶。有一天，他混在鹿群中，刚挤了半罐奶，突然听到一阵急促的马蹄声。鹿群四散逃走，只剩下剡子装扮成小鹿原地不动。

原来，是猎人们围猎，来到山林，猎人们拈弓搭箭，刚要射，剡子急忙掀掉鹿皮，站起来说："别射！我是人！"他把为父母挤鹿奶的事告诉猎人。

猎人们大吃一惊，并为剡子孝敬父母的精神所感动。一时间剡子扮鹿取奶孝双亲的事被传为佳话。

老莱子饰孩童

老莱子生活在东周时期，但他的本名史无记载，人们只知道当时的人是这么称呼他的。

从小到大，老莱子一直是个孝顺的儿子，他每天都会准备香甜可口的食物来孝敬父母。

老莱子比一般人更懂得体贴父母的心意，除了在物质方面满足双亲的喜好，尽量让他们感到舒适之外，还注意父母在精神上的需求。他总是想出各种方法，使父母从心底里感到快乐、欢喜。

老莱子七十岁的时候，他的父母仍然健在，但是已经很老了。

平时，老莱子十分注意自己的言行，从不在父母面前提到一个"老"字，怕惹父母伤心。

可是有一天，他父亲有感于自己一天天的衰老，一天天走向生命的尽头，忍不住长吁短叹地对妻子说："老伴啊！咱们来日不多了，如果我比

孝 经

你先走一步，你可要自己保重哪！"他母亲也叹了一口气说："最好是我们两个人一起走，一来黄泉路上也有个伴，二来可以减轻我们那个老儿子的负担。"

正巧这时候老莱子从父母的房门前走过，听见了他们的对话，他当即难过得掉下泪来。他走回自己房里，脑海里不断闪现出爹娘的感叹，以及他们伤心的样子。

"怎样才能让爹娘暂时忘却自己的年龄，重新感受生命的活力，感觉自己还很年轻呢？我该怎么做才好呢？"老莱子绞尽脑汁，不停地想呀

想呀……

"有了！我何不把自己打扮成小时的模样出现在爹娘面前，这么一来，一定可以勾起他们的回忆，仿佛时光倒流，他们又回到从前了。"

于是，老莱子立刻出门张罗道具、服装，为了博双亲一笑，已经七十岁的老莱子，神采奕奕地开始忙碌起来。

第二天白天，两位老人家正在野外散步，老莱子把自己打扮成少年儿童，身穿五颜六色、鲜艳夺目的衣服，故意跌跌撞撞地走了过来。他一边摇晃着拨浪鼓，一边模仿童音唱着童谣，那手舞足蹈的模样，真是滑稽极了！

老莱子的爹娘见他打扮成小娃儿的样子走进来，先是一愣，后来，看他又唱又跳地表演起来，忍不住哈哈大笑起来。

"儿呀！你装扮成这样，真是好可爱啊！哈哈！"老莱子的母亲笑弯了腰，脑海里不禁浮现出老莱子小时候承欢膝下的情景。

早已老掉牙的父亲也是笑得合不拢嘴。

老莱子见这招奏效，十分高兴，表演得更起劲了。从此以后，他就经常这样取悦双亲。

有时候，老莱子也会换些新花样。他挑了两桶水到屋里，然后故意跌个四脚朝天，学着婴儿啼哭的声音说："爹、娘，人家屁股痛，好痛啊！"

老人家看他浑身湿透了，叫他赶快起来。

老莱子不依，赖在地上不肯起来，还撒娇地说："给我吃李子糖我才起来。"他的双亲见儿子又换了新花样，觉得既新鲜又有趣，笑声此起彼伏，不绝于耳，欢乐的气氛充满了老莱子的家。

由于老莱子能够在物质和精神两方面都满足双亲，所以他的父母在他细心的服侍下，始终笑口常开，精神愉悦，成了当时远近闻名的长寿老人。

老莱子为了奉养双亲，可说是煞费苦心。当然，他的付出也得到了回报，使他的父母成了当时人人羡慕的长寿老人。

韩康伯替母分忧

晋朝时有个韩康伯，小时候家里很穷。冬天，他连棉衣都穿不上。小康伯体谅母亲的难处，时常说些可笑的话，为母亲排忧。

又一个冬天到了，天气特别的冷，小康伯还是穿着单衣单裤。母亲看着孩子冷得浑身发抖的样子，便求亲告友，东挪西借，凑了一点钱，回家一算，仅够做一件棉袄的，棉裤还是没有着落。

怎么办，先把棉袄做了再说吧。母亲赶忙到市上买了块最贱的布，回到家里就忙着给小康伯裁棉袄，边裁边安慰儿子说："好孩子，等妈给你做好了棉袄，就再厚着脸皮去借点钱，给你做棉裤。"说着说着眼泪便流了出来。

这时小康伯正帮着妈妈拿熨斗熨布料，看着妈妈哭了，心里特别难受，怎么才能去安慰妈妈呢？看着被炭火烘热了的熨斗，他有了主意。他握着熨斗把儿，好像有重大发现似地说："妈妈，不必做棉裤了，我穿上棉袄，全身上下都会暖和的。"

母亲停止了哭泣，瞪大了双眼，疑惑不解地问道："傻孩子，光穿棉袄，不穿棉裤，怎么能全身都暖和呢？"

韩康伯指着熨斗说："妈妈，您看，这炭火在熨斗里，连熨斗把儿都被烘热了。根据这个道理，我穿上棉袄，下身也会暖和的。"

母亲被小康伯稚气的话逗乐了，知道他这是说笑话来安慰自己，母亲看到儿子如此懂事，感到很欣慰。

三才章第七

　　这一章进一步阐述了孝道的意义，指出了孝道是贯通天、地、人三才为一的道理。孔子向曾子说明了孝道的本源，是取法于天地，立为政教，以教化世人。所以将三才置于五孝之后，列为第七章。

　　古人在做事的时候，很讲究顺天、应地和民心。所谓占尽了天时、地利、人和。占据天时和地利，很容易使人成功。二人同心，其利断金。如果能保持人和，上下一心，万众合力，则会取得最后的胜利。

　　孔子在这一章里主要论述"孝道"是天经地义的行为。他首先指出了日月星辰运行于天，春夏秋冬四时循环，这是天地间不变的法则。那么，在人间与天地规律相应的法则就是孝道。

　　孝道就是符合天地运行规则的道德行为，把孝道作为国君教化民众的准则，不但教化易于推行，就是对于政治，也有极大的帮助。所以孔子特别告诉曾子的，就是"其教不肃而成，其政不严而治"。

　　古代的君王都深谙孝道的妙用，以身作则，率先倡导。所以不管你身居何位，哪怕是一国之君，只要身体力行，就都会被民众敬慕瞻仰。由此可知，孝道的作用是无所不至的，可以说它在很大程度上促进了一个民族文明的飞跃。

孝 经

曾子曰：甚哉，孝之大也❶！

子曰：夫孝，天之经❷也，地之义❸也，民之行❹也。天地之经❺，而民是则之。则天之明❻，因地之利❼，以顺天下❽。是以其教不肃而成❾，其政不严而治。先王见教之可以化民❿也，是故先之以博爱⓫，而民莫遗其亲⓬；陈之以德义⓭，而民兴行⓮；先之以敬让⓯，而民不争⓰；导之以礼乐⓱，而民和睦；示之以好恶⓲，而民知禁。

《诗》云：赫赫师尹，民具尔瞻⓳。

注释

❶ 甚哉，孝之大也：孝顺的道理多么高深伟大啊！甚，很，非常；哉，语气词，表示感叹；大，这里主要指孝道内涵的广博和作用的广大。

❷ 天之经：是指孝道是天之道。天空中的日月星辰，永远有规律地照临人世。孝道也是如此，乃是永恒的道理，不可变易的规律。经，常规、原则，指永恒不变的规律。

❸ 地之义：是指孝道又如地之道。大地化育万物，生生繁衍，为人类提供丰饶的物产，皆有合乎道理的法则。孝道也是如此，乃是必须遵从的义务，是生活的法则。义，指应当遵循的道理和原则。

❹ 民之行：是指孝道是人的一切行为中最根本的品行，是符合人本性的必然行为。行，品行，行为。

❺ 天地之经，而民是则之：意思是天地这种经常不变的道理，人们应当效法它。是，因此，由此；则，效法，作为准则。

❻ 则天之明：指效法上天明照宇宙的道理。

❼ 地之利：指大地滋生万物，供给丰饶的物产。

❽ 以顺天下：这里是说圣王把天道、地道、人道"三才"融会贯通，用以治理天下，天下自然人心顺从。顺，理顺，治理好。

❾ 是以其教不肃而成：指教化虽然并不严厉，但却能收到显著的效果。是以，因此；教，这里指合乎天地之道，合乎人性人情的教育；肃，指严厉的统治手段。

❿ 化民：指用教育的办法感化人民，使人民服从领导。

⓫ 先之以博爱：指率先实行博爱。先，指率先实行，带头去做。

⓬ 民莫遗其亲：人民就不会遗弃自己的亲人。

⓭ 陈之以德义：向人民陈述道德仁义。陈，施行，宣扬。

⓮ 兴行：奋起实行。

⓯ 先之以敬让：率先实行恭敬谦让。

⓰ 不争：指不为获得利益、好处而争斗、争抢。

⓱ 礼乐（yuè）：礼仪和音乐。儒家学者把"礼乐"作为治理天下，教化人民的重要工具。礼，规定社会行为的规范；乐，音乐。

⓲ 好（hǎo）恶（è）：善与罪恶。好，善；恶，不良行为，罪恶。

⓳ 赫赫师尹，民具尔瞻：出自《诗经·小雅·节南山》。意思是声威显赫的太师尹氏，人们都仰望你。赫赫，声威显赫，很有气派的样子；师，指太师，是周三公中地位最高者，辅佐天子治理国家；师尹，指担任太师的尹氏；具，都；尔，你；瞻，仰望。

孝 经

解读

曾子原以为保全身体，赡养父母，就算尽了孝道。当听了孔子传授的这五等孝道以后，不禁惊叹道："太伟大了！孝道是如此的博大高深啊！"

孔子说："孝道犹如天上日月星辰的运行，地上万物的自然生长，天经地义，乃是人类最为根本首要的品行。天地有其自然法则，人类从其法则中领悟到实行孝道是为自身的法则而遵循它。效法上天那永恒不变的规律，利用大地自然四季中的优势，顺乎自然规律对天下民众施以政教。因此其教化不须严肃施为就可成功，其政治不须严厉推行就能得以治理。先王看见大自然具有如此教化人民的功能，于是自己就以身作则，率先施行博爱，人民受到先王德教的感应，就没有人遗弃父母；向人民陈述道德、礼义，人民就起来去遵行，他又率先以恭敬和谦让垂范于人民，于是人民就不再有争斗；以礼义和音乐教导百姓，百姓皆能和睦相处；为政赏罚分明，百姓都了解禁令而不触犯国法。"

《诗经·小雅·节南山》篇中说："周朝那声誉显赫的尹太师，人民都仰望着你。"

故事链接

王延孝感继母

王延是晋代西河人。他九岁的时候，母亲因病去世了。王延多年哀伤，几乎使自己失去自理的能力而成为疯子。每当到他母亲忌日那一天，他就跑到母亲坟前哭拜，常常是连续十几天也不中断，亲友们苦苦相劝，他才依依不舍地离开坟地回家。

后来王延的父亲又娶了一位妻子，是卜氏之女。卜氏对王延极其刻毒，总是看不上他。冬天做棉衣的时候，就用蒲草和烂麻皮当棉花给王延做了衣服，又破又短，根本不能御寒。

王延的姑母听说以后，急忙跑来询问。王延却一字不提，还请求姑母不要去质问继母卜氏。从此以后，王延为了不惹继母生气，不让父亲、姑母操心，对继母更加恭敬了。

有一年，正值隆冬盛寒时节，继母卜氏突发奇想，想吃鲜鱼。于是她就责令王延到集市上去买，因为根本没有人卖鱼，所以王延也只好空手而归。卜氏一见，勃然大怒，操起一根木棍把王延狠狠打了一顿，直打得遍体鳞伤才罢手。王延拖着满是伤痕的身子，跑了几里路到汾河上去凿冰打洞，准备抓鱼。

王延用绳子绑住一个大竹筐放到冰河里，一直等到天黑，提起来一看，果真有一条大鱼，王延高高兴兴地捧着活蹦蹦的大鱼跑回家，恭恭敬敬地献给了继母卜氏。

继母在冬天吃到鲜鱼，对王延的孝行有所感动，打那以后，对王延的态度也逐渐变得温和了。后来她终于把王延看成亲生儿子，为他张罗找先生，教他读书。

继母卜氏态度转变，王延对继母更加孝顺了。盛夏酷暑，他拿扇子为继母扇风；隆冬严寒，他替继母暖被窝。虽是严冬，他衣衫单薄，却时时想着继母的温饱，问候起居，亲自做饭做菜，尽量让继母吃得有滋味。白天王延外出去做佣工，晚上回家干家务，夜里读书写字，常常是达旦而止。

就这样，几年以后，王延经史群书都能通晓大义。有一次州郡官员请他去做官，他以侍奉继母太忙，没有空余时间为理由非常干脆地推辞掉了。继母卜氏在王延的细心照料下，高高兴兴地度过了晚年。

孝 经

吉翂为父申冤

梁朝时,冯翊(yì)郡莲勺县有一个叫吉翂(fēn)的少年,十一岁的时候,他的母亲不幸去世了。他非常伤心,悲恸得连水都喝不下去,差点昏死过去。吉翂对母亲的孝顺使亲属和邻居们都很吃惊,纷纷夸奖他说:"吉翂这孩子真懂事!"

吉翂的父亲是个清廉的县官。但为坏人诬陷,竟被判了死刑。年仅十五岁的吉翂深知父亲受了冤枉,于是跑到官道上拦轿申冤。

在通往官衙门的官道上,过往的大官儿的轿子很多。一有轿子过来,吉翂就扑倒在轿子前:"大人,行行好,替我父亲申冤吧!他是个好官啊!"说完了,吉翂大哭。那哭声让过往的行人听了,心里都很难过。

有一个大官终于受理了吉翂父亲的案子,却命令他父亲手下原来的一个小官吏审问他。

吉翂父亲虽然是清白的,但是觉得让这些坏蛋审问自己,是极大的耻辱。为了不跟这些小吏纠缠,他含冤承认了被诬告的那些"罪行"。于是按照当时的法律他是定死无疑了。

吉翂没有办法,他千里迢迢赶到京都,敲响了朝堂门前的鸣冤鼓,表示愿意替父亲去死。

梁武帝心想,一个少年如此胆大而有主意,肯定有人在背后唆使,是在公开反对朝廷的判决,于是命法官将吉翂严加审讯,要求务必查出他的幕后指使者。

这一天,法官开堂审理,堂下摆满了各种刑具,两旁站着手持棍棒的差役。法官声色俱厉地喝问:"你请求代父去死,皇上已经批准了,难道你真不怕死吗?你还是个小孩子,一定是有人唆使,如果你说实话,皇上准你改过。"

三才章第七

　　吉翂毫无惧色，沉静地回答说："我虽然年幼无知，也知道死很可怕，但我不忍心看见父亲遭受冤枉，所以请求替代父亲去死。这么大的事情，我怎能受人唆使！既然皇上已批准我代父去死，使我有个尽孝的机会，我又有什么可后悔的！"

　　法官看硬的不行，又来软的，装出一副和气的样子，欺骗吉翂说："皇上是个菩萨心肠的人，他知道你父亲无罪，马上要释放他。你是个孝顺的孩子，只要说出受谁指使，你们就能释放。"

　　吉翂大义凛然地说："我父亲被判处死刑，已写在朝廷的文件上了，要改变恐怕是很难的，我已抱定一死之心，其他什么都不想了！"

　　法官软硬兼施，都不奏效，最后只得动用各种刑具，百般拷打。吉翂忍着剧痛仍不开口。法官被吉翂的孝顺和勇敢行为感动了。他认真地审查

51

了案情，发现吉翂的父亲果然是冤枉的。法官把自己了解的案情和吉翂在大堂上的表现如实报告了梁武帝。

梁武帝大为惊奇，认为吉翂是个孝顺父母的奇少年，立即颁布圣旨，放出了吉翂父子。地方官向乡邻调查了他的品行，想推举他为大孝子，吉翂听到后坚决谢绝了。

吉翂说："父亲受冤屈，作为儿子就应该去申冤。假如我这样做是为了捞取'孝子'的名称，那同样是对父亲的侮辱。我绝不是这种沽名钓誉的下贱人！"地方官见此，也只好作罢了。

吴猛喂蚊孝父母

吴猛是晋朝豫章人，他从小就非常孝顺父母。吴猛家里很贫穷，床榻上没有蚊帐。南方蚊子多，每到夏天，又大又黑的蚊子咬得一家人睡不好觉。

八岁的吴猛心疼劳累了一天的父母，为了让他们睡个踏实觉，他想了一个办法。每到晚上，吴猛就赤身睡在父母身旁。小孩子家细皮嫩肉的，蚊子都集聚在他身上，而且越聚越多。

吴猛却任蚊子叮咬吸血，一点也不驱赶。他认为蚊子吸饱了自己身上的血，便不会去叮咬父母。八岁孩童的这种想法真是可笑，却让人笑不出来。

虽然其法不可取，但只有对父母爱到极点，才会有这种"痴傻"的行为，这是一颗多么纯净的童心啊！

吴猛的做法虽然幼稚，但他这种精神却异常感人。作为子女，能够处处为父母着想，并不惜"献身"以保护父母，这种精神是多么可贵啊！

孝治章第八

　　孝治，指贤明的君王以孝道治理天下，就能使"天下和平，灾害不生，祸乱不作"。

　　在这一章里孔子进一步论证了孝治的作用。如果天子、诸侯、卿大夫，能用孝道治理天下和国家，那便能够得到人民的欢心，能得到人民的欢心，那才是孝治的本意，也就是不敢恶于人，不敢慢于人的真正表现，因而将其列为第八章。

　　古人对于孝道是十分重视的，他们并不限于对自己父母尽孝，而且将其孝敬之心推到比较疏远的人群中去，使人人都能够得到欢心。在这样的孝德感召之下，人人都能尽其孝心，这样就有利于形成一种良好的社会风气，难道国家还会不强盛吗？

　　对于一个国家来说，孝道可以用在外交方面，如果对其他国家能够以礼相待，就会得到他国的拥戴和钦服；对于天子来说，用孝道治理天下，就能得到臣民的欢迎和拥护；对于一个诸侯来说，用孝道治理自己的领地，体恤民情，孤寡无欺，就会得到当地百姓的欢心；对于一个卿大夫来说，用孝道来治理家庭，就会为家庭创造和谐的氛围。

　　如果统治阶层能够充分发挥孝道的作用，并为臣民做好榜样，那么一个充满博爱、和睦、宁静、幸福的社会就形成了，这就是孔子的理想。

孝 经

子曰：昔者明王之以孝治天下也，不敢遗[1]小国之臣[2]，而况于公、侯、伯、子、男[3]乎？故得万国[4]之欢心[5]，以事其先王[6]。治国者[7]不敢侮于鳏[8]寡[9]，而况于士民[10]乎？故得百姓之欢心，以事其先君。治家者[11]不敢失于臣妾[12]，而况于妻子乎？故得人之欢心，以事其亲。夫然，故生则亲安[13]之，祭则鬼[14]享之。是以天下和平，灾害不生，祸乱不作。故明王之以孝治天下也如此。

《诗》云：有觉德行，四国顺之[15]。

注释

[1] 遗：遗弃、遗忘、失礼之意。

[2] 小国之臣：指小国派来的使臣。小国之臣容易被疏忽怠慢，圣明的君王对他们都礼遇和关注，各国诸侯来朝见天子受到款待就毋庸赘言了。

[3] 公、侯、伯、子、男：周朝分封诸侯的五等爵位。

[4] 万国：指四方各诸侯国。万，是极言其多，并非实数。

[5] 欢心：爱护、拥护之心。

[6] 先王：指"明王"，已去世的父祖，这是说各国诸侯都来参加祭祀先王的典礼，贡献祭品。

[7] 治国者：指天子所分封的诸侯。

[8] 鳏（guān）：老而无妻，也指死了妻子的人。

[9] 寡：专指妇人丧夫。

⑩ 士民：指士绅和平民。

⑪ 治家者：指卿、大夫。家，指卿、大夫受封的采邑。

⑫ 臣妾：指家内的奴隶。男性奴隶称为臣，女性奴隶称为妾。也泛指卑贱的人。

⑬ 生则亲安之：使父母活着的时候，能够过安乐的生活。生，活着的时候；安，安乐，安宁，安心；之，指双亲。

⑭ 鬼：指去世的父母的灵魂。

⑮ 有觉德行，四国顺之：语出《诗经·大雅·抑》。意思是，天子有伟大的德行，四方各国都顺从他的教化，服从他的统治。觉，大；四国，指四方之国。

解读

孔子说："古代圣贤的帝王都依靠遵行孝道治理天下。对于小国派遣来的使臣都能以礼相待，何况是对公、侯、伯、子、男等诸侯呢？因此，以孝道治理天下的圣明天子，必能深得众臣民的欢心和拥戴，臣民必依各人的职位来协助天子祭祀历代先王，追思先王的德政。治理一个封国的诸侯，即便是对失去妻子的男人和丧夫守寡的女人也不敢欺侮，更何况对他属下的臣民百姓了，所以会得到老百姓的欢心，使他们帮助诸侯祭祀祖先。受禄养亲的卿大夫，以孝道治家，尚不敢失礼于家中的男仆女婢，何况是对自己的妻子儿女呢？所以，能深得家人的欢心和爱戴，家人也必心悦诚服地侍奉卿大夫的父母亲。因此，身为天子、诸侯、卿大夫，若都能遵行孝道，只有这样，才会让父母双亲在世时安乐、祥和地生活，死后成为鬼神享受到后代的祭祀。因此也就能够使天下祥和太平，自然灾害不发生，人为的祸乱不会出现。所以圣明的君王以孝道治理天下，就会像上面所说的那样。"

孝 经

《诗经·大雅》上说:"天子若具有以孝治天下这种崇高的德行,四方各国必定顺从他的教化。"

故事链接

缇萦上书救父

缇萦是汉文帝时太仓长淳于意的小女儿。淳于意是个精通医道的有名医生,后来他回家专门行医后,治好了不少疑难病,有钱没钱,他都给细心地瞧脉看病,因此,远近患者,应接不暇。

有一天,淳于意要出门办点急事,就在大门外贴了一个告示:"这两天有事出门,暂不看病,请谅。"

不巧有个地方上的大官得了个急病,老远地慕名而来,竟不在家,便立即派人去找,差人刚走不久,那官人就在淳于意的大门外病死了。

这可吓坏了那官人的几个手下人,为了推卸责任,他们竟编了一个故事,回禀说:"看错了脉,耽误了病,不然不会死的。"这可气坏了病人的家属,他们仗着官势,也不问个青红皂白,第二天便领着县里的公差登门抓人。

淳于意到家还没来得及看一眼妻室,就被公差抓走了。公堂上不容申辩,硬说他行医害人,判为"刖(yuè)刑"。因为淳于意当过太仓长,是朝廷命官,判罪需有皇帝的批准,才能最后定罪行刑。这样就得把淳于意押解到京师去。

淳于意没有儿子,只有五个女儿,其中有一个名叫缇萦。别看她年纪小,又是个女儿身,可从小就与众姐妹不同,很有心计。

缇萦想,这不是以势压人、颠倒黑白吗?病人来看病时父亲不在家,有墙上的告示为证,怎么谈得上行医害人呢?我要到京师去说个明白。她

孝治章第八

把自己的想法和众姐妹说了一遍。大家都为她捏了一把汗，可想到小缇萦的倔强，谁也没出面阻拦，大家只是说了些一路上要十分小心的话。

父亲被押解进京那天，小缇萦早早地便起床了，洗了把脸，找齐了必备的用品，打了个小包，辞别了众姐妹便上路了。

在一个十字路口，小缇萦等着父亲。她终于看到父亲了，几天不见，父亲苍老多了，又戴着刑具，她心疼地哭了起来，一下子扑在父亲身上，哭着说："我护送您上京去，路上我一定照顾好您！"

父亲愣住了，忙说："你还小呢，又是个女儿家，怎能受得了路途的艰苦呢？"小缇萦坚持要去，毫不犹豫地说："我就是要去替父亲申冤。"说完便径直朝前走去。

解差们明明知道淳于意是冤屈的，本来就抱有同情，小缇萦的孝心和勇气更使解差感动，一路上没有为难他们。

到京后，小缇萦就给皇帝写了信，诉说父亲的冤屈，要求免除父亲的刖刑。信中说："我父亲为官清廉，行医有术，现被人诬告受刖刑。人一受刖刑，不死也得残废，有罪，则失去了改过自新的机会；无罪，则无法弥补了。我甘心情愿卖身为奴，替父亲赎罪。请皇帝明察。"

汉文帝见缇萦人不大，对父亲的孝心却不小，说的道理也挺深刻，一时动心，就赦免了淳于意，让他领着小缇萦回家了。

后来，汉文帝也发现使用刖刑的坏处，常常冤枉好人，而无法纠正，就下令废除了刖刑。

谢蔺敬父不先餐

谢蔺，字希如，晋代陈郡阳夏人。在他五岁的时候，有一天，他父亲外出办事，很晚也没回家，他就跑到大门外，坐在石头上张望。

孝 经

　　天黑了，已经到了伸手不见五指的时候了，父亲还是没有回来。家里人平常总是坐在一起吃饭，这时候，谢蔺的母亲招呼他："咱们先吃吧，不用再等你父亲了！"

　　谢蔺摇了摇小脑袋瓜儿认真地说："父亲没回来，我怎么能先吃呢，我一定等父亲回来。"他一直坚持到深夜，父亲回来了才一起进餐。

　　这件事后来被谢蔺的舅舅阮孝绪听说了，舅舅十分感叹，高兴地说：

"这孩子在家里就像曾子一样孝顺，出去做官也一定会像蔺相如一样为国尽力。"于是就为他起了"蔺"的名字，希望他今后能真如蔺相如一样有才干，又给他起了一个字叫"希如"。

后来，谢蔺家里请了先生教他读书写字，先生教给他经史典籍之书，他看过一遍就全都记住了。先生考他，没有一回能难住他。他舅舅称赞说："这孩子真是我们家的希望啊！"

不久，谢蔺父亲因病去世。谢蔺十分悲痛，常常偷偷地哭，时常粒米不进，身体日渐衰弱。他母亲见他这个样子，就劝慰他说："你不能总是这么伤心。你父亲死了，无论大家怎么哭，他也不知道，更不能活过来。要是你听父亲的话，就要好好读书，有了本事长大才能做事，才能帮我养活一家人。"听了母亲的话以后，他果然不再像过去那样常常哭泣了，却是常常夜伴孤灯，手不释卷，学业逐日精进。

由于谢蔺很有声望，当时的吏部尚书萧子显非常赏识他的孝行和才干，让他做了地方官员。

沈季铨舍身救母

沈季铨是唐代洪州豫章人。他从小就死了父亲，靠母亲把他抚养成人。沈季铨自小就比一般小孩懂事，知道关心母亲、体贴母亲。他听母亲的话，还能帮助母亲干力所能及的活。

沈季铨从不和别人争论计较小事，有时有人故意逗他、惹他，无理取闹，他从不生气，总是一笑了之。时间长了，有人问他："你怎么这样老实，懦弱无能呢？"

沈季铨回答道："为人老实有什么不好呢？"

那人很不理解，叹道："你也太不争气啦！"

沈季铨只好把自己的想法都告诉他，说："我是很老实，但不是软弱可欺。我想的是处处事事都不叫母亲操心，不叫老人操心就是对老人的孝敬。你想想，和人家争吵起来，你说人家的不是，人家反过来也会说你的不是；你骂了人家，人家同样会骂你，使父母受到侮辱，这就是不孝敬了。孝敬父母，就必须做到自尊自爱，使父母免受侮辱。这样做能说是懦弱无能吗？"

那人听了很受启发，没想到他人不大，想问题倒挺深刻。这些话传到了同龄人的耳里，都不再惹逗他了，而且都十分敬重他，有的还照他的样去做，不再惹是生非了。

贞观年间，一次，他陪着母亲到亲戚家去串门，在照料母亲过江时，天突然刮起了大风，船失去了控制，母亲不幸掉到江里了。

风呼啸着，母亲来不及呼救就被浊浪卷入江底。"母亲！"伴着这带有惊慌、悔恨、痛心的呼号声，沈季铨纵身跳入江中。他奋力朝母亲游去，抱住母亲，曾几次将她举出江面。但终因风大、水深、浪急，没能救上来。母子一起沉入了江中。

过了一天，岸上的人才发现漂浮在江面上的尸体。打捞上来时，人们发现沈季铨的双臂仍紧紧地抱着母亲的躯体，人们分都很难分开。

在当地执政的都督谢叔方看着打捞上来的尸体，十分感动。为表彰沈季铨舍身救母，至死不息的品格，他着人买来棺材和祭品，岸边的父老也主动前来相助，把母子埋葬在江岸的高处，名之为"孝子坟"。

沈季铨奋不顾身抢救母亲，至死不息的孝行感动着一代又一代的后来人。

圣治章第九

圣治指圣人之治，即圣人对天下的治理。强调"人之行，莫大于孝"，进一步强调以孝治天下的重要性。孝治，重在德行方面；而圣治，却在德威并重。德，是内在的美德；威，是外在的美德。内在的美德与外在的美德合起来，才算是爱敬的全德。

这一章书，是因曾子听到孔子讲说明王以孝治天下而天下很容易实现和平以后，再问圣人之德，有更大于孝的没有？孔子因问而说明圣人以德治天下，没有再比孝道更大的了。因而将圣治列为第九章。

孔子认为在所有的孝道中，天子之孝是最重要的，这不仅仅是有关天子本人的德行问题，而是关系一个国家的命运、生存和发展的重大问题，所以孔子在此进一步论证天子如何运用孝道来修身齐家治国平天下。

如果君王以孝来治天下，那么百姓就会对君王产生敬畏，同时以这种敬畏之心拥护和爱戴他。那么百姓就会以君王为榜样，效仿他学习他的一切作为。因此也就完成了对百姓的教化，其所推行的政令就会顺畅地贯彻和执行。

孔子通过孝道而谈到"圣治"必须做的六件事："言思可道""行思可乐""义德可尊""作事可法""容止可观""进退可度"。这样君主就可以达到"圣治"了。

孝 经

曾子曰:敢①问圣人之德,无以加于孝乎②?

子曰:天地之性,人为贵③。人之行,莫大于孝,孝莫大于严父④。严父莫大于配天⑤,则周公其人也⑥。昔者周公郊祀后稷以配天⑦。宗祀文王于明堂以配上帝⑧。是以四海之内,各以其职⑨来祭。夫圣人之德又何以⑩加于孝乎?

故亲生之膝下⑪,以养父母日严⑫。圣人因严以教敬⑬,因亲以教爱,圣人之教,不肃而成,其政,不严而治⑭,其所因者,本⑮也。父子之道,天性⑯也,君臣之义也⑰。父母生之,续莫大焉⑱。君亲临之,厚莫重焉⑲。故不爱其亲而爱他人者,谓之悖德⑳;不敬其亲而敬他人者,谓之悖礼㉑。以顺为逆㉒,民无则焉㉓。不在于善,而皆在于凶德㉔。虽得之,君子不贵也。君子则不然㉕,言思可道㉖,行思可乐㉗,德义可尊,作事可法㉘,容止可观㉙,进退可度㉚,以临其民㉛。是以其民畏而爱之,则而象之㉜。故能成其德教,而行其政令。

《诗》云:淑人君子,其仪不忒㉝。

注释

❶ 敢:与人对语自言冒昧,表敬副词。可译为大胆地,冒昧地。

❷ 无以加于孝乎:没有比孝道更好的吗?

❸天地之性，人为贵：天地间有生命之物，最为贵重的是人。性，指性命，生灵，生物。

❹人之行，莫大于孝，孝莫大于严父：按古代说法，万物始于天，人伦始于父。所以对父，应像对天一样尊敬。莫，没有什么；严，尊敬。

❺配天：根据周代礼制，每年冬至要在国都郊外祭天，并附带祭祀父祖先辈，这就叫以父配天之礼。配，祭祀时在主要祭祀对象之外，附带祭祀其他对象，称为"配祀"或"配享"。

❻周公其人也：以父配天之礼，由周公始定。周公，姓姬，名旦，文王之子，武王之弟，成王之叔。

❼郊祀后稷以配天：这里是说周公在制定郊祀礼仪时，规定了以始祖后稷配祀天帝。郊祀，指古代帝王每年冬至时在国都郊外建圜丘作为祭坛，祭祀天帝；后稷，名弃，为周人始祖。

❽宗祀文王于明堂以配上帝：这里是说周公制礼，规定了在明堂聚宗族祭祀上帝，以亡父文王配祀。宗，宗族；文王，姓姬名昌，商时为西伯，使国家逐渐强大，为日后武王灭商奠定了基础；明堂，古代帝王布政及举行祭祀、朝会、庆赏等典礼的地方；上帝，旧说在明堂中祭天，要按季节祭祀五方上帝，即东方青帝灵威仰，南方赤帝赤熛怒，西方白帝白招拒，北方黑帝汁光纪，中央黄帝含枢纽。

❾职：职位。这是说海内诸侯，各按职位，进贡财物特产，帮助完成祭祀典礼。

❿何以：以何，凭什么。

⓫故亲生之膝下：这是说子女对父母的亲爱之心在幼年时期即自然天成。膝下，指人幼年时常依于父母膝旁，此处指孩提时代。

孝 经

⑫ 日严：一天比一天知道尊敬父母的道理。严，尊敬。

⑬ 因严以教敬：这是说圣人以人的自然天性中的尊父之心为凭依，加以教育培养，使之升华为理性的"敬"。

⑭ 圣人之教，不肃而成，其政，不严而治：此句的意思是圣人的教化虽然并不严厉但却很有成效，圣人的政令虽然并不苛刻但却能使天下太平。

⑮ 本：这里指的是孝道，因其为孝道的根本。

⑯ 父子之道，天性也：父母慈爱子女，子女孝顺父母，是出自人类天生自然的本性。

⑰ 君臣之义也：君王爱护臣下，臣下效忠君王，是出自人类天生自然的义理。

⑱ 父母生之，续莫大焉：意思是父母生养我们，我们又生子传孙，没有比传宗接代更重要的了。续，传宗接代。这是说父母生下儿子了，使儿子得以继承父母，如此连续不绝，这是人伦关系中最为重要的；焉，代词，这。

⑲ 君亲临之，厚莫重焉：是说父亲对儿子，具有国君与父亲的双重意义的身份，既有君王的尊严，又有为父的亲情，既有君臣之义，又有天性之恩，在人伦关系中，厚重莫过于此。

⑳ 悖德：违背常识的道理、道德。悖，违背，违反。

㉑ 悖礼：违背礼仪。

㉒ 以顺则逆：是"以之顺天下则逆"的省略，是说，如果用"悖德"和"悖礼"来教化人民，治理人民，就会把一切都弄颠倒。

㉓ 民无则焉：人民无所适从，没有可以效法的。

㉔ 凶德：一种丑恶的品德。古语中将盗、贼、奸视为凶德，将

孝、敬、忠、信视为吉德。

㉕ 不然：不是这样的。然，如此。

㉖ 言思可道：指的是君子所说的每一句话都要考虑是否能得到别人的称道。

㉗ 行思可乐：意思是君子所做的每一件事都要考虑到能否使人感到喜悦。

㉘ 作事可法：指君子所建立的事业要使人能够效法。

㉙ 容止可观：君子的容貌和举止要使人能够仰望。容止，容貌和举止。

㉚ 进退有度：意思是君子的一进一退都能经得起人们的推敲。

㉛ 以临其民：用这样的办法来统治他的臣民。临，统治。

㉜ 是以其民畏而爱之，则而象之：意思是因此他的百姓既敬畏他，又拥戴他，并处处效法他模仿他。象，模仿，效法。

㉝ 淑人君子，其仪不忒（tè）：语出《诗经·曹风·鸤（shī）鸠》。意思是说善人君子，最讲礼仪，容貌举止，毫无差错。淑，美好，善良；仪，仪表，仪容；忒，差错。

解读

曾子听完孔子的孝道论，以为政教之所以好的原因，都是由于孝的德行，所以又问："圣人的德行，就没有比孝道更大的了吗？"

孔子说："虽然天地间的万物都具有各自的本性，但其中只以人秉有的本性最为尊贵。人的一切行为没有比孝亲更伟大的了。在孝道之中，没有比敬重父亲更重要的了。敬重父亲，没有比在祭天的时候，将祖先配祀天帝更为重大的了。自古以来，能以父亲配享天帝的，就只有周公一个人做到了。当初，周公在郊外祭天的时候，把其始祖后稷配祀天帝；在明堂祭祀，又把父亲文王配祀天帝。因为他这样做，所以全国各地诸侯能够恪尽职守，前来协助他的祭祀活动。可见圣人的德行，又有什么能超出孝道之上呢？

"人在刚一出生的时候，就懂得亲近父母，后来在父母的培养和教育下，知晓奉养父母、尊敬父母。圣人就是因为看到世人能从小尊敬父母，就教导众人敬亲的道理；看到世人能从小对父母很亲近，就教导众人爱亲的道理。圣人的教化之所以不必严厉地推行就可以成功，圣人对国家的管理不必施以严厉粗暴的方式就可以治理好，是因为他们因循的是孝道这一天生自然的根本天性。父亲培养、教育儿子，儿子奉养、尊敬父亲，这是一种人类自然的天性，其中更包含着君爱臣子、臣子敬君这样一种天赋的义理，因为奉养父亲能够尽孝，事君才能尽忠。父母生下子女以传宗接代，没有比这个更为重要的了。父亲对子女，既像一个有威望的君主，又是一位慈爱的亲人，有双重感情在里面，所以没有比这样的感情更厚重的了。所以，作为人子的不爱自己的父母，而去爱他人的父母，这就叫作违背道德；作为人子的不尊敬自己的父母，而去尊敬他人的父母，这就叫作违背礼法。不是顺应人心天理地爱敬父母，偏偏要逆天理而行，人民就无从效法了。因此，如果一个人的行为不依照善德行事，而都表现在凶德上，即使一时侥幸得到崇高的地位，但真正有才德的君子不会认为这种地位是可贵的。有道德的君子，却不是那样做的，他的谈吐，必定考虑到要让别人称道；他的行为，必定考虑可以给别人带来快乐欣慰；他奉行的道德和义理，必定会令他人尊敬；他的行为举止，必定会使人们取法；他的容貌气度，必定端庄伟大无可挑剔；一进一退，都是合乎礼仪，可以作为楷模。君子就是以上述的六件事来统治他的人民，因而人民既敬服他又拥戴他，并处处效法和模仿他。因此，君子能轻易地完成他的德教，很顺利地推行他的政令。"

《诗经·曹风·鸤鸠》篇中说:"一个善良有德行的君子,他的威仪一点也没有差错。"

故事链接

王祥孝感继母

王祥是汉末晋初人,魏晋时先后任太尉、太保等职,以孝敬父母著称于世。父母有病,王祥不分昼夜,衣不解带,侍奉于床前,汤药煎好后,用口吹凉,再亲自尝尝,然后毕恭毕敬,送至父母床前,等待父母喝后才肯离去。

王祥生母薛氏因病过早去世,继母朱氏性情乖戾暴躁,心胸狭窄,一发脾气几天气都不消。

继母在背后屡次向王祥父亲告状,说王祥的坏话,因此王祥失爱于父,经常受到父亲的斥责,以至怒骂,每天都让王祥做各种繁重的家务活计,王祥虽年小体弱却一声不响地干活,从无怨言。

继母朱氏喜欢吃新鲜的鲤鱼,不管什么样的天气,王祥都千方百计弄到鲤鱼。有一次,正值数九隆冬的季节,王祥急忙赶到村外河边,正准备用斧子凿开坚冰,想解开衣带进入寒冷的河里去捉鲤鱼,寒冰竟突然裂开,两条鲤鱼跃出,王祥急忙捉住,回家做好"鲤鱼烩",给继母送去。

继母又想吃"黄雀炙",王祥几次进入深山也没捉到一只黄雀,后来竟有十几只黄雀突然飞入室内,王祥立即捉住送给继母。

王祥家庭院里有一棵李树,所结的李子味道鲜美,继母害怕邻人摘吃,就命令王祥在树下护守。白天不让鸟雀落树,夜里防备老鼠食李。一天夜里,狂风骤起,下起瓢泼大雨,王祥抱住树干大哭,生怕李子坠落,一直守到天明,继母有些过意不去。

孝 经

　　王祥弟弟王览是继母朱氏所生，继母爱之如命。王览六七岁见母亲经常打骂王祥，王览哭着用身体遮护哥哥，十几岁时就经常劝说母亲不要虐待哥哥，朱氏有所收敛。但朱氏仍然寻衅找碴无理刁难王祥，并苛待王祥妻子，但是王祥妻子依旧如常侍候朱氏。

　　一天夜里，王祥在床上睡觉，朱氏蹑手蹑脚到床前举斧砍去，正赶上王祥已经起身，只砍坏被褥，她急忙逃走了。王祥知道是继母所为，就赶到继母面前，跪下请死，朱氏羞愧不已。

　　王祥父亲去世后，家庭重担落在王祥肩上，每天起早贪黑操持家务。他为人厚道，品行端庄，见义勇为，誉满乡里。

朱氏嫉恨在心，暗里将毒药放入酒里，使人送给王祥，弟弟王览知道底细，径起取酒。王祥也怀疑酒里有毒，争而不与，朱氏只好夺下酒急忙跑了。

从此，朱氏送给王祥的饭菜，王览都抢先尝尝，朱氏怕误毒王览，就不再往饭菜里下毒了。王览深受哥哥熏陶感染，"孝友恭恪，名亚于群"，当时传为美谈。王祥几十年如一日孝敬继母，有求必应，终于以孝心打动继母的心弦，母子感情逐渐融洽起来。

东汉末年，军阀混战，民不聊生，王祥扶母携弟避到庐江一带，在那里隐居三十余年，魏国多次征召，他也坚决不前往就职。

王祥小心谨慎孝敬继母，直至继母去世后，丧葬完毕，他已年近六十，才去徐州任别驾，协助徐州刺史吕虔戡乱，使州界清净，政化大行。

王祥在西晋任太保之职，位居三公，高洁清素，家无余财，为政清廉，勤俭持家，病重遗令子孙丧事从简，家人大小不须送丧，当时被传为佳话。

秦族躬行孝道

秦族，是西魏上郡洛川人。秦族的祖父曾为颍州刺史，父亲曾任鄜城郡守，他们两个人都是很有名望的具有卓绝品性的人。他们在一生中，都是非常孝顺父母、忠于职守的，都因为恪守孝道而受到治下百姓的尊敬和拥戴。

他们同样没有忘记教育自己的子女遵守孝行。秦族在父亲的教诲和影响下，很小的时候就知道孝敬父母了。

父亲在做郡守的时候，秦族才七八岁。平时由仆人看护、侍候；读书写字有先生陪伴，很少见到父亲、母亲。更何况父亲公事繁杂，偶尔回家也顾不上看看他们兄弟几个。父子之间并不十分亲密。

可秦族常在先生面前叨念父亲和母亲，先生为情所动，替秦族转达了对父母的问候。母亲听了以后十分高兴，常把他叫到身边，嘱告他要好好读书，将来建功立业，为国为民。

秦族十一岁的时候，父亲不幸病故。秦族同他的几个弟弟至哀至悲，常因想念父亲而痛哭。他们常到父亲的坟上拜祭，发誓一定尽心竭力奉养母亲，借以告慰父亲的亡灵。过路行人为他们的孝行所动，称赞他们是好孩子。

秦族十五岁的时候，母亲也病倒了，因为父亲为官清正，家里积蓄极少，这时早已用光了。为了养活全家，秦族叫弟弟们上午读书、写字，下午随他干活。

寒暑易节之时，秦族总是最后一个换上衣服，并且是最旧最破的。吃饭的时候，他总是让母亲先吃，然后他们兄弟几个才吃，因为饭少菜也少，生怕母亲吃不饱。尽管这样，秦族的母亲因身体病弱，禁不住忧愁和病痛的煎熬，病情加重，终于闭上了满含泪水的双目，离开了尚未成年的儿子。

为了表达对母亲的追思，秦族保存了母亲的居室，只到祭日才进去表示怀念之情。乡里邻人敬服秦族，上书荐举。皇帝下令表彰他的孝行。

纪孝行章第十

　　纪孝行，即记录孝行的内容，孝子在实行孝行时应当注意的具体事项。在这一章里，孔子告诉曾参，平日的孝行，有五项当行的，有三项不当行的，以勉学者，列为第十章。

　　本章共分为两部分，前部分是从家庭的角度和个人修养的角度来讲孝子要做到居致敬、养致乐、病致忧、丧致哀、祭致严这五项，这是孔子指出顺德的道理。后段是孔子从社会的角度指出孝子如果居上骄、为下乱、在丑争便是逆道。

　　按顺德的方向去做，就是最完全的孝子。按逆道的方向去做，自然会受到社会法律的制裁和得到不幸的结果。这个道理，很显然地分出两个途径：前一个途径，是光明正大的道路，可以行得畅达无阻。后一个途径，是崎岖险径，绝崖穷途，万万走不得。圣人教人力行孝道，免除刑罚，其用心之苦，至为深切了。

　　家庭和社会是紧密相连的。如果一个在父母面前行孝的人在为官时骄奢淫逸、在社会上为非作歹，无疑会给父母增加心灵的痛苦，说不定还会给父母带来灭顶之灾。这样的人无论在家多么孝顺父母，也不能算是真正的孝子。

　　由此看来，一个孝子除了具备对家庭的责任感外，更重要的是对社会的责任感。将孝道由家庭引向社会，是孔子修身、齐家、治国平天下思想的延伸。

孝 经

子曰：孝子之事亲也，居则致其敬①，养则致其乐②，病则致其忧③，丧则致其哀④，祭则致其严⑤，五者备矣，然后能事亲。事亲者，居上不骄，为下不乱，在丑不争⑥。居上而骄，则亡；为下而乱，则刑⑦；在丑而争，则兵⑧。三者不除，虽日用三牲之养⑨，犹为不孝也⑩。

注释

①居则致其敬：日常家居，要充分表达出对父母的恭敬。居，日常的家庭生活；致，尽、极的意思。

②养则致其乐：奉养之时当尽其欢乐，承颜顺志，无所拂逆。养，奉养，赡养；乐，欢乐。

③致其忧：指要充分地表现出忧伤焦虑的心情。

④丧则致其哀：指孝子在父母去世时要用最伤痛的心情来料理丧事。丧，指父母去世，办理丧事的时候。

⑤祭则致其严：指在祭祀时要充分地表现出敬仰肃穆。祭，指用仪式来对死者表示悼念或敬意；严，端庄严肃。

⑥在丑不争：在同事之间，应当和顺相处，而不可愤怒争执。丑，类、同类。这里是此指同列、同官。

⑦为下而乱，则刑：在下位而恃乱不驯，就会遭受法律的制裁。

⑧在丑而争，则兵：地位卑贱的人争斗不休，就会动用兵器，相互残杀。在丑，指处于低贱地位的人；丑，众，卑贱的人；兵，这里用作动词，动用兵器，指动手相残。

纪孝行章第十

❾ 三牲之养：即用佳餐美味，供养父母之意。三牲，指牛羊豕。旧俗一牛、一羊、一豕称为太牢，是最高等级的宴会或祭祀的标准。

❿ 犹为不孝也：如果不能去除前面所说的三种行为"居上而骄""为下而乱""在丑而争"，那么将造成生命危险，使父母忧虑担心，因此，这样的人就不能算作孝子。

解读

孔子说："作为一个孝子在日常的起居生活中要以最诚挚的心情去周到地照顾父母；奉养时，要以最和悦的心情任劳任怨地服侍父母；父母生病时，要以最忧虑的心情照料父母；父母过世时，要以最哀痛的心情来料理后事；举行祭祀时，要以最严肃的态度来追思父母。"以上所说的五个方面都能做到，才称得上是能侍奉双亲的孝子。侍奉双亲的孝子，身居高官厚禄的位置上也要谦虚而不敢骄傲自大；地位低下之时也不敢悖乱违法为非作歹；在人群中不与人发生争斗、计较。身居高位的，要是因此骄傲自大，必定会招惹祸端导致身亡；身居下位的，要是悖乱违法为非作歹，必定会受到刑罚制裁而使父母受到牵连；在人群中，要是与人争斗、计较，必定难免大动干戈。"这三种不除去，即使每天用三牲供养父母，仍然不能算是一个孝子。"

故事链接

孔奋孝母

孔奋，汉代扶风人。他从小就懂得事理，听从父母的教导，帮父母干力所能及的活，从不惹父母生气，不叫父母为自己操心。少年时就以孝敬父母闻名州里。

父亲去世之后,孔奋为了减轻母亲的思念、悲痛和孤独感,侍奉母亲更加周到,待人接物,为人处世更加谨慎,以免母亲为自己操心,或觉得生活不便。

每天早晨起床后,孔奋第一件事就是到母亲屋里去请安,问寒问暖,问睡问食。

直到母亲说:"忙去吧!"才肯离去。之后,他便和妻子一起安排好母亲一天的饮食。总不忘嘱咐妻子一定要把饭菜做好,香甜可口,好让母亲吃得高兴。

每天晚饭后,孔奋不论忙或闲,都要到母亲房里去坐坐,谈谈家务,说说见闻,为母亲解闷,听母亲教导,了解母亲起居和身体情况。邻里们常在孔母面前夸孔奋孝顺,孔母听在耳里,乐在心里。孔奋对母亲的孝心在当地影响很大,他在当地的名望越来越高。

后来,孔奋当了地方官,他廉洁奉公,崇尚节俭,在当地形成了风气。他当了官,身价高了,对母亲的孝敬不但没有减弱,反而更加无微不至,细心周到。

孔奋把每月领到的薪俸,首先给母亲买足食用的物品,保证母亲吃得可口,穿得舒适,余下的钱,全家才能动用。因此,他和妻子、孩子经常吃粗食淡饭。

孔奋节衣缩食孝敬母亲,博得了乡里、亲友和同僚的普遍称赞。人们议论道:"孝敬老人,让老人吃好穿暖,很多人都有这样的愿望。但各个人的情况不同,一家人生活的物质条件又是人人有份的,像孔奋那样,从家人身上节俭下来钱去孝敬母亲,确实是很难得的啊!"

江革背母逃难

江革,东汉临淄人。他家里很穷,父亲又早逝,江革总是想方设法侍奉好母亲,宁可自己忍饥挨饿,也让母亲吃饱穿暖。

汉章帝时,临淄地方很乱,从山里流窜来的土匪很猖獗,到处抢劫杀人,弄得人心惶惶,经常得外出逃难。

连日逃难,四处奔波,常常饥无食,渴无水,母亲经不住忧劳,病倒了。时值黑夜,上哪去找医生呢?江革跑了半夜,好不容易才找到个医生,抓了服草药。母亲吃过一剂,病情稍有好转。天刚亮,江革就给母亲煎第二服药,药还没有煎好,就听有人喊:"土匪来了,快跑啊!"

江革出门看时,只见逃难的人流,在飞扬的尘土中散去。江革忙回到屋里,提起药壶,背好母亲,便连跑带颠地朝逃难的人群赶去。

跑着,跑着,江革母子就被逃难的人群给落下了,不一会儿,土匪们就追上来了,拦住了江革,只见江革手里提着一个药壶,背上背着一个面如土灰的老太太,累得上气不接下气,就问是怎么回事。

江革说:"我是个穷百姓,母亲有病,我不能扔下母亲,自己去逃命,就背母亲,带药壶逃难。我身上没带什么钱财,就请开开恩,放过我们母子二人吧!"

土匪们听他说的是实在话,见他提着药壶,背着母亲,累得疲惫不堪,确实是个大孝子。江革的孝心,竟打动了土匪,土匪们一时良心发现,不但没有杀害江革母子,而且还指给了平安的去处,孝心使江革幸免于难。

为了挣钱供养母亲,江革给人当了长工。有时入不敷出,还得借钱。但不管生活怎么困难,江革总是让母亲吃饱穿暖。有时怕母亲天天倒在床上苦闷,就用车拉着母亲村里村外地走一走。他关心体贴母亲,说话总是和颜悦色，使母亲愉快地度过晚年。乡里的人都称赞他，给他送了个外号"江大孝子"。

张菊花不计母恶

那是在宋代，江南有一个孝女名叫张菊花。她七岁那年，母亲不幸得病去世了，父亲又娶了第二个妻子。

张菊花对待继母非常恭敬，百般孝顺。但继母却居心不良，想方设法刁难她。张菊花对这一切忍着不开口，瞒着父亲。

有一天，张菊花的父亲外出做生意，继母一看，时机来了，就把张菊花卖给人家做了婢女。事情很凑巧，张菊花的父亲在回来的路上遇见了菊花。

当父亲问张菊花为何在此时，她满眼泪水，却不回答，生怕连累继母。父亲一再追问，她才把自己被继母卖掉的事告诉了父亲。

父亲听后大吃一惊，当即将张菊花赎了回来。三天后，张菊花父女二人回到了家中。她的父亲见到继母，十分恼怒，对继母呵斥道："没想到，你是如此狠心之人。亏得平时菊花对你还那么孝顺，你却能做出这种事。我要立刻就休了你。"

张菊花见此情景，当即下跪为继母求情，父亲最终被菊花的孝心所感动，答应不休继母。张菊花的继母没有生子，菊花在父亲去世后，对待继母跟对待父亲在世时一样孝敬。

古时有句话说："亲爱我，孝何难；亲恶我，孝方贤。"意思是说，当父母疼爱我时，做到孝顺并不困难。但当父母厌恶我时，还能一如既往地尽孝心，这才是难能可贵的贤良的子女。

五刑章第十一

　　在上一章孔子谈到了什么是真正的孝，而在这一章里主要谈谈什么是最大的不孝。最大的不孝有三种：第一威胁君主；第二诽谤圣人；第三不孝敬父母。

　　如果一个人违反孝行，就会受到法律的制裁，使人有所警惕，而不敢犯法。这里所讲的五刑之罪，莫大于不孝，就是讲明刑罚的威慑作用，以辅导世人走上孝道的正途，因而列为第十一章。

　　君主是一个国家的象征，在孔子的时代认为君主是上天派到人间的管理者，他是替天行道，如果有人威胁君主就是违抗上天，这当然是大逆不道。圣人代表的是一种道德典范，是得到大家认同的美德，如果有人胆敢蔑视和否定这种美德，违背大众的意志，这是不允许的。如果有人对自己的父母不孝，那就像没有人性的动物一样。以上这三种人是社会的破坏性因素，所以在五刑中量刑最重。

　　为人子女的，都应该向良知良能爱敬父母的孝行方面努力，不要一误再误，走到最危险的歧途中去。圣人爱人之深，而警告之切，由此可见。孔子认为孝道不仅仅局限在个人家庭内，而是关联到建立和维护封建社会秩序，关联到一个国家的安定与和睦。这就是孔子的伟大之处。

孝 经

子曰：五刑之属三千❶，而罪莫大于不孝❷。要君者无上❸，非圣者无法❹，非孝者无亲❺。此大乱之道❻也。

> **注释**

❶ 五刑之属三千：指应当处以五种刑罚的罪有三千条。五刑，指墨、劓（yì）、剕（fèi）、宫、大辟五种刑罚。墨，指在额上刺字后，涂上墨色的刑罚；劓，指割掉鼻子的刑罚；剕，指砍断脚的刑罚，也称为"刖"（yuè）；宫，指破坏男女生殖器官的刑罚；大辟，指死刑。

❷ 罪莫大于不孝：在应当处以五种刑法的三千条罪行之中，最严重的罪行是不孝。

❸ 要（yāo）君者无上：以暴力威胁君王的人，是目无君上。要，以暴力要挟、威胁；君者，指臣下禀命而恭敬顺从的人；无上，目无君上，即反对或侵凌君上。

❹ 非圣者无法：用言语诋毁圣人的人在他的心目中就没有法理的存在。非，诽谤，诋毁；无法，蔑视法纪，目无法纪，即反对或破坏法纪。

❺ 非孝者无亲：指不孝敬父母的人他心目中就没有父母的存在。无亲，蔑视父母，目无父母。

❻ 大乱之道：大乱的根源。道，原由，根源。

> **解读**

孔子又提醒曾子说："国有常刑，来制裁人类的罪行，使人向善去恶。五刑所属的犯罪条例，有三千多条，仔细研究一下，这些都没有不孝的罪过大。用刑罚纠正不孝之人，以儆效尤，督促人走上孝行的正道。用武力胁迫君主的人，是眼中没有君主的存在；诽谤立法垂世圣人的人，是眼中没有法纪的存在；讥笑鄙视非议立身行道的有孝行的人，是眼中没有父母的存在。像这样的要挟长官、无法无天、无父无母的三种人的行径，就和禽兽没有区别了。以禽兽之行，横行于天下，天下还能不大乱吗？所以说这就是天下大乱的根源。"

故事链接

王僧孺抄书养母

王僧孺是南朝时期的文学家。年幼时，他家里十分贫穷，父亲无钱供他念书，他只好自学。

在王僧孺三岁那年的一天，地方上一个很有学问的人见他勤奋好学，知道尊长敬老，就主动问他说："王僧孺，你想不想学《孝经》啊，如果想学，我可以教给你。"

王僧孺睁大双眼好奇地发问道："《孝经》是讲什么的书啊？"

那位有学问的人向他解释说："《孝经》是专门讲孝敬长辈的书，是教人有礼貌，懂道德，尊老敬长的。"

王僧孺高兴地点点头，说："那从现在开始，您就教我吧！"

这个有学问的人很喜欢王僧孺，高兴地说："只要你肯学，我一定好好教你。"

从此，王僧孺每天都学《孝经》，他早起晚睡，虚心求教，百学不厌。王僧孺十分聪明，记忆力又很强，《孝经》中很多章节他都能流利地背诵下来。一天，王僧孺正在门口背书，邻居中的一位老者见他背得十分认真，便问道："你背的这一段讲的是什么意思啊？"

王僧孺寻思了片刻，便讲了起来，但讲来讲去自己也觉得没讲出个究竟来。就不好意思地朝老者笑了笑。那位老者十分友善地告诉他说："你呀，能背下来不算真正学会。要真正理解其中的道理，又能按理解了的道理自觉地去做，才算真正学到手了。"

王僧孺觉得老人说得很有道理，自己很受启发，便向老人鞠躬致谢，说："我一定按您的指点去做。"

从此，王僧孺边学边问，边背边想，逐渐地理解了《孝经》的大意。应该怎样孝敬长辈，在自己头脑中有了具体深刻的印象。

有一天，父亲的友人送来了一筐李子，看见了王僧孺，就放下筐，把他叫到跟前，说："僧孺，这李子是刚从树上摘下的，新鲜极了，先拿几个去尝尝。"说着就抓了一把，递给他。王僧孺说啥也不肯要，客人想，是不是嫌少了，就又抓了一把。没等递过来，王僧孺就解释道："谢谢您啦，我不是嫌少。《孝经》里说过，要孝敬长辈，好吃的东西应让父母先尝，先吃。"

"好孩子，真懂事，长大了一定有出息！"友人对王僧孺倍加赞扬。

王僧孺勤学苦练，六岁便学会写文章了。七岁的时候，一天能读几万字的经书。十几岁时，写书著文，文辞华丽，情感奔放。他还擅长书法，写得一手远近闻名的好字。因此，地方上很多人都请他去抄书、写字。他用挣来的钱给多病的母亲买药，买补品，还买米贴补家用。抄书养母，少年王僧孺孝敬老人的事迹传遍了乡里。

朱丹溪改行学医

朱丹溪幼年丧父，与母亲相依为命。少年时代的朱丹溪，深知母亲的难处，非常体谅母亲。母亲无力供他上学读书，他就自学。

白天帮助妈妈干活，晚上挑灯读书，家中没钱买书，他就去村上一户藏书多的人家去借。就这样日积月累，他学习了很多知识，到了青年时代，就已才华出众，成为当地一位学问渊博的人。

邻里见他学问过人，劝他考科举，弄个一官半职的，日子也好过，又能光宗耀祖。但朱丹溪对此劝说从未动心，因为他一心想着致力于学问的研究。可是，朱丹溪后来却改学医学了，这是为什么呢？

孝 经

朱丹溪三十岁的时候，与他相依为命的老母患上严重的胃病，朱丹溪甭提有多着急了。他到处寻医问药，请了很多医生给母亲治病，可母亲的病始终不见好转。

朱丹溪见母亲病痛的样子，心里十分难过，于是他暗下决心，改学医学，亲自为母亲治病。

从此，他夜以继日地钻研医学，如《内经》《难经》等，并努力研究"望闻问切"的诊病方法，尤其是研究胃病的常用药物。他不畏劳苦，亲自上山采药，亲自炮制。为安全起见，熬成后他先亲自尝试，体味药性，然后才给母亲喝。

功夫不负有心人。朱丹溪就这样，经过整整五年时间，竟奇迹般地把母亲的病治好了。乡里人都夸他是个大孝子，母亲为有这样孝顺的儿子而感到宽慰。

"老吾老以及人之老"，朱丹溪见母亲的病治好了，他决定要给更多的人解除病痛。于是他一方面继续自学医学，一方面寻访名师。一天，他终于打听到一位叫罗知悌的医生，医术很高明，就亲自登门拜师请教。而罗知悌拒不收徒。朱丹溪经过三年的努力，才被收入门下。

这样，朱丹溪在名师罗知悌的精心指导下，没过几年，医术就达到了药到病除的程度。朱丹溪很快就成为一位远近闻名的医生。

广要道章第十二

　　这一章围绕首章中的"先王有至德要道"的"要道"一词，推广、阐发"要道"二字的义理，也就是进一步讲述为什么说"孝道"是至为重要的道德，使天下后世的为君王者，了解要道法则的可贵之处，以及实行以后有多大的效果。这是儒家强调礼乐与孝道教化作用的一贯思想，因而列为第十二章。

　　在本章中孔子首先谈到的是实行"要道"的四种对策：第一，教民亲爱用孝；第二，教民礼顺用悌；第三，移风易俗用乐；第四，安上治民用礼。

　　孔子认为在这四种对策中用礼是最重要的，所以接着他主要谈"礼"。孔子说，礼说到底就是一个"敬"字。俗话说得好，只有敬重别人才能得到别人的敬重，一个"敬"字成为人际关系的润滑剂，这也是我们日常交往中的体会。孔子从敬父、敬兄、敬君中推断出了这样一个结论："敬一人而千万人悦，所敬者寡，而所悦者众，此之谓要道也。"

　　孔子在这一章里还提到了一个新的观点，那就是用音乐来改革风俗。他还明确地指出了音乐的教化作用，音乐不仅仅悦耳，它所起到的社会作用有时是不可估量的。

　　作为君主治理国家，就需要建立社会道德规范力行的宝典，因而统治者提倡孝道是十分明智的。

孝 经

子曰：教民亲爱莫善于孝①，教民礼顺莫善于悌②，移风易俗③莫善于乐④，安上⑤治民莫善于礼⑥。礼者敬而已矣，故敬其父则子悦，敬其兄则弟悦，敬其君则臣悦，敬一人而千万人悦⑦，所敬者寡而悦者众，此之谓要道也⑧。

注释

① 教民亲爱莫善于孝：教育人民互相亲近友爱，没有比倡导孝道更好的了。孔子认为，孝道就是热爱自己的双亲，由此进而推及热爱别人的双亲，人民之间就能亲爱和睦。

② 教民礼顺莫善于悌：教导百姓懂得长幼之序，没有比用敬事兄长的悌道更好的办法了。顺，顺序，这里指长幼之序；悌，就是敬重并服从自己的兄长，由此进而推及敬重并服从所有的长上，人民之间就能有礼、讲理。

③ 移风易俗：改变旧的、不良的风俗习惯，树立新的、合乎礼教的风俗习惯。

④ 莫善于乐（yuè）：儒家学者认为，音乐生于人情人性，通于伦理道德，因此，君王可以利用音乐，转移风气，引导人民接受新的风俗习惯。

⑤ 安上：使在上位的人安于其位。

⑥ 莫善于礼：儒家学者认为，礼的作用是"正君臣父子之别，明男女长幼之序"，即维护社会固有的秩序和等级制度。

⑦ 敬一人而千万人悦：敬爱一人而千万人喜悦。一人，指父兄

君王。千万人，指子弟臣民。

❽ 所敬者寡而悦者众，此之谓要道也：所敬的人少，而高兴的人却很多，这就是所说的要道啊。寡，少。

解读

孔子说："教化百姓和睦相处，没有比用奉养父母的孝道更好的办法了。教导百姓懂得长幼之序，没有比用尊敬兄长的悌道更好的办法了。想要改革民情风俗，没有比用音乐更好的办法了。让君王安心，使民众太平，没有比用礼节更好的办法了。所谓的礼，也就是敬爱而已。所以尊敬他人的父亲，其儿子就会喜悦；尊敬他人的兄长，其弟弟就愉快；尊敬他人的君主，其臣下就高兴。敬爱一个人，却能使千万人高兴愉快。所尊敬的对象虽然只是少数，为之喜悦的人却有千千万万，这就是礼敬作为要道的意义所在啊！"

故事链接

介子推背母上绵山

介子推，春秋时期人。春秋时晋国的公子重耳因受晋惠公和骊姬的迫害，带着文臣武将狐毛、狐偃、赵衰（cuī）、魏犨（chōu）、介子推等人逃难到邻国，最后被秦穆公送回晋国，当了国君，就是晋文公。

晋文公在论功行赏时忘了一个人，就是介子推。介子推出身贫苦，他不做官，只好靠编织草鞋养活老母。

邻居张解见了，劝介子推找晋文公请赏，介子推只是笑了笑，什么话也没说。

介子推的老母看儿子织草鞋养家糊口太辛苦，也劝儿子说："我儿跟重耳逃难多年，立有大功，为什么不找他谈谈，说不定能得到荣华富贵，不是比你织草鞋强吗？"

介子推说："主公当上国君，上顺天意，下合民心，我怎么能去争功夺利，我宁愿一辈子织草鞋来养活您。"

老母见儿子这样高洁，也就不再去难为介子推了。

过些时候，介子推跟母亲商量说："我很爱附近的绵山，那里山清水秀，土地肥美，草丰林密，很适合隐居，我们到那里去吧！"

"我儿志趣高尚，就依你吧！"

收拾了简单的行装，介子推就背着母亲上路了。

张解甚觉不公，替介子推抱不平，就偷着写了一篇讽刺诗贴在朝门外，大概的意思是："蛟龙逃难，没有深潭可以躲藏，众蛇随它周游四方。蛟龙饥饿，一蛇割骨肉献上。蛟龙返回龙潭，众蛇住进新房。只有一条蛇没有住处，背着老母流落荒野，十分悲凉！"

手下人揭了诗文进宫献给晋文公。重耳看了，恍然大悟，惊叹道："啊呀，我简直是老糊涂了，怎么把介子推给忘了呢？快，快把介子推给我找回来！"

宫人来到介子推原来住的地方，只见一把大锁锁着房门，只好回宫禀告实情。晋文公听后令宫人把张解召到宫中，询问介子推的下落，并说："能找到介子推，定有重赏。"

张解把介子推背母去绵山的经过对重耳讲了一遍，并答应领路到绵山。晋文公十分高兴立即封张解为大夫。

这样，由张解做向导，晋文公带着文臣武将，率领着大队人马来到绵山脚下，打听介子推的下落。有个农民说："前几天，一个汉子，背着他的老母进山去了。那汉子对他母亲照顾得可周到了，现在不知走到大山的什么地方了。"

晋文公的人马在山里找了好几天，也没见到介子推的踪影。手下有个人建议说："介子推最孝顺母亲，如果放火烧山林，他一定会背着母亲跑出来。"

重耳下令烧山，漫天大火一连烧了好几天，大火渐渐灭了，介子推始终没有出来。重耳派士兵搜山。只见介子推抱着母亲，烧死在一棵大树之下。

重耳见状，失声大哭。为了纪念介子推，把绵山改名为"介休"，意思是介子推休息的地方。

介子推母子遇难的这一天，正是农历清明节之前，后人在这一天禁用烟火，只吃冷食。北方人管这一天叫"寒食节"。

黄香扇枕温席

黄香小时候，家中生活很艰苦。在他九岁时，母亲就去世了。黄香非常悲伤。他本就非常孝敬父母，在母亲生病期间，小黄香一直不离左右，守护在母亲的病床前，后来，母亲去世了，他对父亲更加关心、照顾，尽量让父亲少操心。

冬夜里，天气特别寒冷。那时，农户家里又没有任何取暖的设备，确实很难入睡。有一天，黄香晚上读书时，感到特别冷，捧着书卷的手一会就冰凉冰凉的了。他想，这么冷的天气，父亲一定很冷，他老人家白天干了一天的活，晚上还不能好好地睡觉。想到这里，小黄香心里很不安。

为了让父亲少挨冷受冻，黄香读完书便悄悄走进父亲的房里，给他铺好被子，然后脱了衣服，钻进父亲的被窝里，用自己的体温，温暖了冰冷的被窝之后，才招呼父亲睡下。黄香用自己的孝敬之心，暖了父亲的心。黄香温席的故事，就这样传开了，街坊邻居人人夸奖黄香。

孝 经

到了夏天,黄香家低矮的房子显得格外闷热,而且蚊蝇很多。到了晚上,大家都在院里乘凉,尽管每人都不停地摇着手中的蒲扇,可仍然不觉得凉快。入夜了,大家也都困了,准备睡觉去了,这时,大家才发现小黄香一直没有在这里。

"香儿,香儿。"父亲忙提高嗓门喊他。

"父亲,我在这儿呢。"说着,黄香从父亲的房中走出来。满头的汗,手里还拿着一把大蒲扇。

"你干什么呢，怪热的天气。"父亲心疼地说。

"屋里太热，蚊子又多，我用扇子使劲一扇，蚊虫就跑了，屋子也显得凉快些，您好睡觉。"黄香说。父亲紧紧地搂住黄香，说："我的好孩子，可你自己却出了一身汗呀！"

以后，黄香为了让父亲休息好，晚饭后，总是拿着扇子，把蚊蝇扇跑，还要扇凉父亲睡觉的床和枕头，使劳累了一天的父亲早些入睡。

九岁的小黄香就是这样孝敬父亲，人称温席的黄香，天下无双。他长大以后，人们说，能孝敬父母的人，也一定懂得爱百姓，爱自己的国家。事情正是这样，黄香后来做了地方官，果然不负众望，为当地老百姓做了不少好事，他孝敬父母的故事，也千古流传。

用孝顺的心对待父母，父母可以得到很好的奉养。用慈悲的心对待众生，众生都能得到很好的利益。用恭敬孝养父母的心做天下的事情，这个世界会因为你的存在而变得格外美好。

孙思邈学医孝双亲

孙思邈是古代著名的医药学家，他出生在京兆华原县的一个木工家庭。在他年少的时候，他的父亲就患有雀目病，也就是我们今天所说的夜盲症，他的母亲还患有粗脖子病，他为此非常着急。

有一天，父亲边做木工活边问孙思邈："你长大了干什么？"

孙思邈毫不犹豫地回答说："我长大了要当个医生，把您的雀目病治好，把母亲的粗脖子病也治好。"

父亲听了孙思邈的一片孝敬父母之言，十分感动，沉思片刻说："好孩子，你要当医生，就不能像爸爸这样，斗大的字认识不了一石。咱家虽说很穷，但我就是累弯了腰，也要供你念书。明天你就上学去！"于是，孙思邈就在村西一孔土窑洞里开始了他的读书生涯。

十二岁时,父亲带孙思邈到药农张七伯家做药柜。孙思邈见张家院内到处是草药,心想:"这下父母的病可有治了!"就拜七伯为师。

过了一段时间,孙思邈发现,七伯识不了多少字,只是懂得一些药性,会用几个土方子,而不懂医理。七伯发现,思邈是个极聪明的孩子,自己不能耽误人家的前程,就诚恳地对思邈说:"从这往北走四十里,是铜官县,我舅舅是那里有名的医生,这本《黄帝内经》就是他送给我的,我读不懂,你拿回去好好读读,等长大些,去找我舅舅学医吧。"

十七岁的思邈,为给双亲治病,不畏路远,终于来到铜官县,找到那位名医,可这位医生不会治雀目病和粗脖子病。尽管如此,他还是不死心,硬是拜师学习了一年。一年以后回乡行医,同时继续寻找治双亲病的方法。

有一天,孙思邈给一个远道而来的病人治好痼疾,病人感激地说:"孙先生年纪不大,可医术超群,真是复生的扁鹊,再世的华佗啊!"

孙思邈听了忙说:"哪里,哪里!我连父亲的雀目病,母亲的粗脖子病都治不好,哪敢与古代名手相比!"

病人见他将双亲的病挂在心上,很受感动,想了想说:"我家住在秦岭里面,那儿粗脖子病人很多,我表妹就患了这种病,被秦岭之巅太白山上的一位先生治好了。"

孙思邈听了,欣喜若狂,忙问:"这位先生叫什么名字?"病人说:"叫陈元,是江南人。"

孙思邈一心想治好双亲的病,第二天就动身赶往太白山。四百里旱路,交通不便,其旅途艰难,是可想而知的。但是,孙思邈却以惊人的毅力战胜了旅途上重重困难,终于来到了美丽的太白山脚下,几经周折,找到了陈元。

其实，陈元并不是医生，他是从父亲那里学来的治粗脖病的方法的。孙思邈满怀信心地住下来，一边行医，一边同陈元采药闲聊，有意探求治雀目病的方法。

有一天，陈元边采药边说："我爹说，不知啥原因，雀目病待人不公平，专欺侮穷人，富人就不患这种病。"

孙思邈听了，心里一动："看来穷人一定是缺少某种东西才患这种病的。如果让穷人也吃上富人吃的东西，说不定能治好雀目病。"于是他就叫一位病人接连吃了几斤猪肉，可仍不见好。

孙思邈又翻药书，见有"肝开窍于目"一条，他想："如果给雀目病人吃肝，一定会奏效的。"于是他就给一位患者买了几斤牛羊肝吃。几天后，病人大有好转，又吃了一些，病人竟然痊愈了。

孙思邈由此受到启发，进一步探讨粗脖子病因。几经调查研究，发现这种病同长期喝一种水有关，如何治疗，还须进一步研究。

有一次，一位猎人射死一只鹿，请孙思邈去吃鹿肉，他吃着吃着想起来："吃心补心，吃肝补肝，那么吃鹿靥（yè）能不能治粗脖子病呢？"后经实验，果然有效，而且羊靥也行。

孙思邈太白学医，不仅找到了治疗双亲病的有效方法，而且丰富了医学知识，为他后来成为隋唐时期杰出的医学家，奠定了基础。

郭世通孝行感天下

郭世通，会稽永兴人。在他十四岁的时候，父亲得了重病，卧床不起，家里的生活越来越困难了。他只好到邻人家里做工，赚点钱给父亲求医治病，可是没有多久，父亲就与世长辞了。

郭世通的继母体弱多病，家里实在太穷，没有能力安葬父亲。这时，郭世通决定借钱安葬父亲，然后自己外出做工再还钱。他长大以后，娶妻生子，家里的人口多了起来，生活就更困难了。夫妻俩常常暗地里默默哭泣，一筹莫展。他的继母贫病交加，体弱不支，最后闭上了忧郁的双眼。

亲友们看郭世通家贫如洗，安葬继母实在困难，一齐筹措了一些钱物，帮他办了丧事。丧期满了以后，他再次外出做工，挣了钱报答亲友们的帮助。

郭世通常常告诉自己的孩子，要节俭过日子，不能随便浪费粮食；也不能随便要别人的东西，更不可偷拿别人的衣物。他从来也没有忘记对父母的思念。因此，他的几个孩子也都十分孝顺、勤劳、节俭。由于他的影响，仁孝之风在他的家乡盛行起来。邻村里无论大人或是小孩没有一个直呼他名字的。

有一次，郭世通同别人一起在集市上买卖东西，无意中多得了买主一千钱，当时双方都没有发现。等他离开以后，走了好远才突然间醒悟过来，连忙跑回去把钱还给那个人。买主十分感动，拿出五百钱给他表示酬谢，郭世通说什么也没收下。

由于郭世通时时处处都以仁孝严格约束自己，因此同他接触过的人都十分尊敬他，也仿效他躬行孝道。不久，他的孝行传遍天下。皇上下令嘉奖他，并把他居住的独枫里改为孝行里。

广至德章第十三

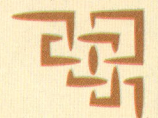

　　这一章围绕首章中的"先王有至德要道"的"至德"一词，进一步推广、阐发"至德"二字的义理，即进一步讲述为什么说"孝道"是至为高尚的道德的理由，并且使执政的人知道"至德"是怎样实行的。

　　上章是说致敬可以悦民，本章是说教民所以致敬。所以将广至德列于广要道章之后，成为第十三章。

　　那么，怎样才能做到"至德"呢？孔子对曾子特别指出，执掌政权的君子，教民行孝道，并非是亲自到人家家里去教，也并非日日见面去教，这里有一个根本的原则，就是要以身作则，为天下人做出表率。具体办法是：敬父以孝，敬兄以悌，敬君以臣道。如此，才能使上下同心同德，使人知长幼之序，明君臣父子之义。

　　如果执政的人，能够利用民众自然的天性，实行至德的教化，感人最深，这样不但人民爱他如父母，而且所有的政教措施，都会更容易实行了。这就是君子所要达到的最高尚的道德。

孝 经

子曰：君子之教以孝也，非家至而日见之①也。教以孝，所以敬天下之为人父者也；教以悌，所以敬天下之为人兄者也②；教以臣，所以敬天下之为人君者也③。

《诗》云：恺悌君子，民之父母。非至德，其孰能顺民如此其大者乎④？

注释

① 非家至而日见之：不是挨家挨户都走到，天天当面去教人行孝。家至，到家，即挨家挨户地走到；日见之，天天见面，指当面教人行孝。

② "教以孝""教以悌"二句：指君子以身作则行孝悌之道，为天下做人子的做了表率，使他们都知道敬重父兄。

③ 教以臣，所以敬天下之为人君者也：指天子通过祭祀行礼，做出尊敬君长、当好人臣的榜样。据传说是天子在祭祀时，对"皇尸"行臣子之礼。皇，即先王；尸，是祭祀时由活人扮饰的受祭的对象。

④ 非至德，其孰能顺民如此其大乎：语出《诗经·大雅·泂（jiǒng）酌》。意思是没有至高无上的德行，谁能有这样伟大的顺应民心的力量呢？孰，谁；顺民，适合民心，顺应民意。

解读

孔子说："执掌政权的君子，教民行孝道，并不是亲自到人家家里去推行,也并非每天见面去教导。这里有一个根本的道理,例如以孝教民,使天下为人子的人,都知道侍奉父亲之道,那就等于孝敬天下做父亲的人了。以悌教民,使天下为人弟的人,都知道侍奉兄长之道,那就等于孝敬天下做兄长的人了。以臣下的道理教人,那就等于孝敬天下做君主的人了。"

《诗经·大雅·泂酌》篇里说:"'和乐平易的君子,是民众的父母。'要不是具有推行孝道这至高无上的美德,谁能有这样伟大的顺应民心的力量呢!"

故事链接

盛彦吐哺待慈母

盛彦是西晋广陵人,少年时代便很有才能。当时有一位太尉叫戴昌的曾以赠诗形式考查他,盛彦面对满座官僚文士,慷慨作答,没有一点理解错误的地方,受到文士们的赏识。

盛彦的母亲王氏非常勤劳节俭,不仅亲自操持家务,还时时督促盛彦读书识字,教他以礼待人。后来,由于过度操劳,王氏得了一场病,连眼睛也跟着瞎了。

家里虽然雇了一个女仆,但是许许多多的事都落在了盛彦身上,他一边帮母亲安排日常生活,一边拼命读书,他的才干也越来越受人重视了。

成年以后,官府鉴于盛彦极有才名,多次征召他去做官,盛彦每次都是以母亲病势沉重而推辞了。每当谈到母亲双目失明,日常生活很难自理,重病缠身的情形时,盛彦就止不住悲伤,痛哭失声。

盛彦每天每顿饭都要亲手喂母亲吃,凉、热、咸、淡都是他先尝一尝,有时候,饭菜如果稍微硬一点,盛彦就自己先嚼一遍然后喂母亲。

这样坚持了好多年，他母亲的病多少有一点好转。他母亲病了好久，女仆当然会受累，于是暗暗产生了怨恨的心情。有一回，盛彦外出办事，上午也没回来，那个女仆就生出了坏心，到屋子后面的菜地里捉了一些金龟子的幼虫，放在瓦片上烤熟了给盛彦的母亲吃，还撒谎说是好东西。

母亲吃了一些，觉得很好，于是就以为这确实是难得的好东西，顺手捏了一点偷偷留了起来。后来，盛彦回家了，他母亲把烧熟的金龟子给他看。

盛彦一看，立刻跪在母亲面前，哭着向母亲赔罪，深责自己照顾不周全，叫母亲遭罪了。他母亲却安慰他："这东西吃了也没什么事，我倒觉得眼前好像有点亮堂了。"

盛彦一听，异常惊喜，打来一盆清水，给母亲轻轻擦拭，没一会儿，母亲的双目就能清楚地看见东西了。盛彦这时候以为当初错怪了女仆，竟然向女仆跪谢，女仆却羞愧得一声不吭地站在那儿一动也不动。

由于盛彦孝顺母亲，善待仆人，家里越来越和睦了。

荀灌为父解围

公元310年，荆州一带有个叫杜曾的小官。他利用流民起义的力量，攻城略地，发展自己的势力。在打败晋荆州刺史陶侃以后，他带着人马向沔（miǎn）江边的宛城进发。

此时，驻扎在宛城的晋将名叫荀崧（sōng）。荀崧手下的兵力不多。他见杜曾带兵把宛城团团围住了，就赶紧召集将领和谋士商量对策。

荀崧说："如今强敌压境，城内缺兵少员，粮草又不充足，这可如何是好？"

众人无言，实在没有办法可想。最后，一个谋士上前建议："将军的老友石览，在襄阳做太守，为什么不派人到他那里请救兵呢？"

经谋士一提醒，荀崧觉得很有道理，就立即提笔写了一封求援信，向石览求救。信写好后，荀崧问："谁能冲出重围，把这封信送到襄阳去？"

半天，竟无人敢冒风险接受这个任务。荀崧无奈，只得先把信收起来。忽然间，从后厅走出来一个小姑娘，她带着几分稚气，大声说："爹爹，女儿愿去！"

荀崧抬头望去，竟是自己的小女儿荀灌。他不由得发出几声叹息。

荀灌见父亲不放心，连忙说："爹爹！女儿平日跟将士们练武艺，学会了刀枪弓箭。我一定能冲出重围，给石览叔叔送信。您尽管放心！"

荀崧尽管有些舍不得女儿，但眼下也没有别的办法，就答应了她的请求，把求救援兵的重任交给了她。

荀灌从士兵中挑选了几十个精明强悍的壮士同行。她对随行的壮士们说："不要恋战，且战且走，只要进了山，他们就没有办法了。"说着，她手举宝刀冲入敌阵，边杀边向前冲去。

几十名壮士也一拥而上，驱赶着敌兵。等杜曾闻讯赶来的时候，荀灌他们早已跑入深山密林中，不见踪影了。很快，荀灌和士兵们到达了目的地，搬来了救兵，为父亲解了围。当晚，荀崧摆出酒宴庆祝胜利。

宴会上，人们谈起荀灌突围搬救兵之事，大加赞扬。从此，荀灌突围救城的故事，成为千古佳话。

做儿女的是否孝顺，在关键时刻表现得最为明显。作为儿女，要勇于挑战困难，努力为父母排忧解难，就像荀灌突围救城，为父解围一样。

李晟教女孝公婆

李晟（shèng）是唐朝的一个大官，官至太尉、中书令。他有一个女儿，嫁给姓崔的官员，按当时的习惯家人都称她为崔氏。

有一次李晟过生日，大清早，崔氏就赶回家来为父亲祝寿。酒宴刚刚开始，一杯酒还没喝完，崔家的一个使女就急匆匆地走了进来，凑在崔氏的身边耳语了一阵。崔氏听完微皱眉头，寻思了一会，挥了挥手，使女便风风火火地走了。

酒宴继续进行，正当众人酒兴正浓的时候，那使女又急急忙忙地转回来，向崔氏嘀咕了好一阵，好像很为难。崔氏很不耐烦地又把使女打发走了。

李晟是个细心的人，他在高高兴兴接受客人和晚辈敬酒的时候，观察到了女儿这边的动静。找了一个机会,他把女儿招呼到自己的身边,轻声地问:"怎么,家里有什么事吧?"

"没什么,大家在给您祝寿,爹爹就不要分心了。"崔氏摇了摇头,毫不介意地说。

"不要瞒爹爹了,你家里一定有什么事,快跟我说来!"

"我的婆婆昨天夜里犯了病,今天还有些不舒服。女儿怕扫了大家的酒兴,再说婆母的病也不太重,就没有回去,已经打发下边的人去服侍了,若有什么情况会及时告诉我的。"崔氏如实地回着话,语气还是那样淡淡的。

看到女儿这样漫不经心地对待婆婆的病,李晟很生气,就严肃地说:"你作为人家的儿媳妇,婆婆闹病,你怎么能不去服侍照料,却跑来为我过生日呢!"

"你过生日,女儿不在也是不孝敬啊!况且满朝文武都在,女儿于席间离开,也不礼貌啊!"女儿委屈地辩解道。

"在家敬父母,出嫁孝公婆。祝寿和服侍病人哪个更急啊?你听说婆母生病便急忙离去,客人只会夸李家的女儿有教养。相反,不回去别人倒会说闲话!"说完,便让家人备车,送女儿回家,去照料婆母。

崔氏走后,李晟想到女儿刚才的态度与自己过去教育不够有关,心里很不安。酒宴一撤,李晟便急忙赶到女儿家,问候亲家母的病情,并且为女儿今天的失礼,再三表示歉意。

亲家母被感动得流下热泪,因儿媳失礼而生的怨气,一下子全消失了。

李晟严格地要求自己,教育女儿孝敬公婆,受到满朝文武的称赞。

黄庭坚侍母如仆

黄庭坚，字鲁直，号山谷道人，晚号涪翁，洪州分宁人，北宋著名文学家、书法家，盛极一时的江西诗派开山之祖，与张耒、晁补之、秦观都游学于苏轼门下，合称为"苏门四学士"。

黄庭坚是宋朝的大学问家，也是有名的孝子。黄庭坚任太史时，公务十分繁忙，但他仍不辞劳苦地亲自侍奉母亲，从不懈怠。

他每天忙完公事回来，首先要陪在母亲身边说一会儿话，才会回房干自己的事。

那时候，人们为了夜里方便如厕，通常准备一个应急的便桶。

黄庭坚知道母亲喜好洁净，又怕丫鬟照顾不好，所以总是亲自为母亲刷洗便桶，数十年如一日，从不间断。有人问他："您身为高贵的朝廷命官，又有那么多的仆人，为什么要亲自做这些杂细的事情呢？"

黄庭坚回答说："孝顺父母是我的责任，同自己的身份、地位没有任何关系，这种事怎能让仆人代劳呢？"

黄庭坚孝敬老母的事在当时广为流传，成为一段佳话。

黄庭坚虽然做了大官，家里有许多仆人，但他仍然能亲自侍奉母亲，尽了一个儿子应尽的本分，拥有这种品质的人才配做人民的父母官。

广扬名章第十四

这一章围绕首章中的"立身行道,扬名后世"所说的"扬名"一词进一步推广、阐发,进一步讲述行孝和扬名的关系,强调"移孝作忠"的理论。

儒家认为,"扬名后世"是"孝之终",是完满、理想的孝行。而要在社会上扬名立万、光宗耀祖,只能与忠君紧密联系才可能实现,因而"广扬名"被列为第十四章。

这一章教人立德,立功,爱护名誉,把忠孝大道,都推行到极点。所谓"名誉是第二生命"。我国古代圣贤所讲的名誉,首推德行。德是"名之实",君子视"无实之名"为可耻的。不像西方所讲的名誉,是纯粹的名誉,所以有名誉的人不一定有德行。有德行的人,必定有名誉。德是根本,名是果实。

孔子认为君子能孝父就能忠君,能敬兄就能尊长,能理家就能做官,如此才能事业有成,名声远扬。

用现代观点来说,如果一个人能孝敬父母尊敬师长,首先就取得了良好的人际关系,就能得到别人的帮助和支持;如果对日常生活中的每一件事都能认真去做,那么无论是做官还是做学问就更不会马马虎虎。这些优良的品行和良好的习惯就是一个人成功的基础。

所以一个人要成名成家,要从培养个人的品行开始。

孝 经

子曰：君子之事亲孝，故忠可移于君❶；事兄悌，故顺可移于长❷；居家理，故治可移于官❸。是以行成于内❹，而名立于后世矣。

注释

❶ 君子之事亲孝，故忠可移于君：指君子侍奉父母能尽孝，所以能把对父母的孝心移作对国君的忠心。这是儒家学者"移孝作忠"的理论。移，转移，感情的转移。

❷ 事兄悌，故顺可移于长：指侍奉兄长能敬爱，所以能把这种敬爱之心移作对年长者或上司的敬爱。

❸ 居家理，故治可移于官：指家务、家政管理得好，就能把管理家政的经验移于做官，管理好国政。居家理，指善于料理家事。

❹ 行成于内：在家里能把孝悌的德行表现得很完善。行，指孝、悌、善于理家三种优良的品行；成，有所成就；内，指家里。

解读

孔子说："君子侍奉父母能极尽孝道，那么他侍奉君王时才能像精心服侍父母一样极尽忠诚。君子侍奉兄长能极尽尊敬，那么他侍奉年长者时才能像尊敬兄长一样恭顺。君子治理家务能极尽认真地达到完善，那么他就能以这种精神去为官处事，并做得有条不紊。因此，君子在家若能遵行孝道，培养德行，然后才能在外面建功立业，声誉就可流传于后世了。"

> 故事链接

班固兄妹孝继父业

班固，字孟坚，东汉扶风安陵人，是东汉著名的史学家、文学家。他出生于封建官宦家庭，家里是儒学世家。其父班彪，字叔皮，为人性情沉静稳重，博学多才，善于著述。班固之所以能成为一个著名的历史学家，与班彪的教导和影响是分不开的。

班固在父亲教导与影响下，自幼聪明伶俐，九岁就能作文。十六岁入洛阳太学读书。他青年时期博览群书，对于诸子百家各种学术流派的观点，细心加以探讨。班固治学注重了解文章大意，而不在分析字句上下功夫。他为人宽厚、谦虚，从不以自己才学过人而自恃，因而深为时人所敬慕。

班固二十三岁时，其父因病逝世。当时他正在洛阳太学读书。当他听到父亲病逝的消息后，悲痛至极，他匆匆赶回家中为父居丧。在此过程中，他一面缅怀父亲生前对自己的教诲，一面潜心阅读父亲遗作。在通读《史记后传》之后，他发现很多地方记叙得还不够详细，于是，他决心完成父亲未竟的事业，以尽孝道。

班固开始大量搜集材料，改订体例，准备在《史记后传》的基础上编撰《汉书》。可就在他埋头编撰过程中，有人诬告他私自改作"国史"，他被捕入狱，书稿也一并被抄去。

班固的弟弟班超闻讯上书，才救了他。当时明帝看了他的书稿，不但赞赏他的史学才能，而且召他到京师任兰台令史，掌管宫廷藏书，并进行校勘工作。第二年被提升为秘书郎。班固充分利用这个有利条件，典校秘书，编著国史。明帝非常高兴，命他继续撰写班彪未写完的史书。

孝 经

　　这是他完成父亲未竟事业的大好时机，于是他又着手撰写《汉书》了。经过二十余年的不懈努力，到汉章帝时，《汉书》才大体写成，但仍未全部完成。汉和帝永元元年，外戚窦宪因擅权被杀，班固牵连其中，死于大狱。

　　同年，班固的妹妹班昭继父兄遗志，奉旨入东观藏书阁，续写《汉书》。班昭又名姬，字惠班，十四岁时，嫁于同郡人曹世叔。丈夫去世后，班昭清守妇规，举止合乎礼仪，气节品行非常好。

　　班昭学问广博，很有才干。班固去世后，她在藏书阁经年累月孜孜不倦地阅读了大量史籍，整理、核校父兄遗留下来的散乱篇章，并在原稿基础上补写了八表——《异姓诸侯王表》《诸侯王表》《高惠高后文功臣

表》《王子侯表》《景武昭宣元成功臣表》《外戚恩泽侯表》《百官公卿表》《古今人表》等，最终完成了续写《汉书》的任务。

《汉书》内容丰富充实，保存了大量原始资料，而且语言精练，词简意赅，结构严谨，对人物的描写尤为细腻、生动。它真实地记录了当时社会的现状与阶级矛盾，客观地反映了统治阶级的腐朽与罪恶，对民间疾苦给予一定的同情，歌颂了一些英雄和爱国人物。

总之，《汉书》不仅是一部有重要史料价值的优秀历史文献，而且也是一部杰出的散文巨著，在我国文学史上有重要地位。

马钧孝母改织机

马钧是三国时代魏国人，家住陕西扶风，是"丝绸之路"经过的地方，而马钧的母亲就是织绫人。因家境贫寒，无钱上学读书，马钧就在劳动中学习手艺，如雕木偶，结渔网，修理农具、家具等，他对母亲非常孝顺。

母亲织绫用的织机，十分笨重。为了织花，人们把织机上的经线分成六十综，每一综用一个小踏板操纵，六十综，就用六十个踏板来操纵，每织一根纬线，要踏六十块踏板。这样操作起来既费力又低效。

马钧见母亲每日操作这样笨重的织机，累得疲惫不堪的样子，心里非常难过。心想："自己整日修这修那，为什么不改进改进织机，来减轻母亲的劳动呢？"

有一天，马钧看见一个小男孩用一根绳子系在核桃树上采核桃，只用力一拉，核桃便哗啦哗啦往下落。马钧想："这要比上树用手一个一个去摘省劲儿多了！"

这时，马钧灵机一动，计上心来，扭头就往家跑。进屋后，一头扎到织机旁，摸摸这，看看那，最后目光落到踏板上。"对，就从这里下手来改进！"

于是马钧便开始量尺寸，试样子，之后将锛（bēn）、刨、斧、锯全找来，动手制作。忙了好几天，终于做出二十块踏板，外加一些关联部件。经过紧张地安装之后，他亲自坐上织机试踏。

马钧踏下一块板，经线就能提起十综来。马钧一看，心想："有门儿！"母亲见马钧如此高兴的样子，也喜在心头。她想："儿子为了减轻自己的劳累，不辞辛苦，改进织机，真是个孝顺的孩子！"

马钧虽说很高兴，但仍不满足现状。他想："既然能从六十块踏板，减少到二十块，为什么不能再设法减少一些呢？"于是他连夜研究改进，母亲感动得亲自提灯为他照亮。终于，踏板减少到十二块。

母亲坐上儿子为她改进后的织机，织起绫来既轻又快，心里甭提多高兴了。

这种新式织机，很快便推广开来。马钧这个大孝子的名字，自然也传扬开来。当时洛阳城的魏明帝闻知此事，召马钧进京，并给他封了个给事中的官。可马钧对此并不感兴趣，他千方百计抽时间致力于机械方面的研究，后来竟成为三国时代魏国杰出的机械发明专家。

谏诤章第十五

谏诤，是指对尊者、长者或友人进行规劝。这一章叙述遇到君亲有了过失，为臣子的，就应当立行谏诤，以免陷君亲于不义。孔子因曾子之问，讲述谏诤之重要性，因而将其列为第十五章。

在之前的篇章里孔子给曾子讲过各种孝道，但就是没有讲到父亲有过应该怎样办。因而曾子提出疑问："从父之命，可谓孝乎？"孔子表明了自己不同意这种说法的态度。接着孔子从天子、诸侯、卿大夫、士及父五个方面对谏诤作了精辟的阐述。

孔子认为谏诤有双重含义，对于被谏诤的君父及朋友来说，接受谏诤，不但能使自己改正过失，而且能修正国家的错误。对于谏诤的臣子及友人来说，事君尽忠，事父尽孝，对朋友尽信义，是匡扶正义的行为。若见善不劝，见过不规，则陷君父朋友于不义，还可能遭受不测的后果，这样忠孝信义就都化归乌有了。

孔子反对一味盲从，反对愚忠愚孝，因而他提出了一个重要理论："故当不义，则争之。"这些孝道理论在一定程度上体现了孔子的辩证思想和民主思想。

正是在这些积极思想的影响下，在我国历史发展进程中出现了一些"亲贤纳谏，从谏如流"的君主，也涌现出许多以死相谏的忠臣和为正义而牺牲的志士仁人，更出现了许多大义灭亲的英雄好汉。

孝 经

曾子曰：若夫❶慈爱❷、恭敬、安亲❸、扬名，则闻命❹矣。敢问，子从父之令❺，可谓孝乎？

子曰：是何言与，是何言与❻！昔者，天子有争臣七人❼，虽无道，不失其天下❽；诸侯有争臣五人，虽无道，不失其国❾；大夫有争臣三人，虽无道，不失其家❿。士有争友，则身不离⓫于令名⓬；父有争子，则身不陷于不义。故当不义，则子不可以不争于父；臣不可以不争于君。故当不义则争之。从父之令，又焉得为孝乎？

注释

❶若夫：发语词，表示他转或提起，此处可译为像那些。

❷慈爱：指爱亲。慈，通常指上对下之爱，但也可指下对上之爱。

❸安亲：父母亲安心接受儿女的孝养。

❹闻命：谦词，意思是说对师长的教导已经领会了。命，指示，教诲。

❺从父之令：听从父母的命令或指示。

❻是何言与：这是什么话？是，代词；与，同"欤"（yú），句末语气词，表疑问、感叹或反问的意思。

❼天子有争（zhèng）臣七人：天子有几个敢于直言规劝的臣子。争臣，敢于直言规劝的臣僚。争，同"诤"。七人，指很多人，不是实数。

❽虽无道，不失其天下：意思是即使会出现一时缺乏德政的情

况，但也不会失去天下。虽，即使；无道，没有仁政。

❾ 国：指诸侯的治邑。

❿ 家：指大夫的食邑。

⓫ 不离：不失。

⓬ 令名：好名声。令，善，美好。

解读

曾子说："听您阐述慈爱、恭敬、安亲和扬名的各种孝道后，我都明白了。很冒昧地再请问，如果儿子一味听从父亲的命令，这样能算是孝吗？"

孔子说："这是什么话呀？这是什么话呀？从前，天子身边设有直言相劝的谏诤的臣子多人，即使天子一时触犯王道没有德政，也不会失去他的天下；诸侯有直言谏诤的诤臣多人，即便自己无道，也不会失去他的诸侯国封地；卿大夫身边也设有谏诤的臣子几人，即使卿大夫一时触犯了臣道，也不会失去他的乡邑。普通的读书人有直言劝诤的朋友，自己的美好名声就不会丧失；做父亲的如果有能谏诤的儿子，他就不会陷于不义的行为中。因此在遇到不义之事时，如果是父亲做得不对，做儿子的不可以不极力劝阻；如果是君王做得不对，做臣子的也应该直言劝谏。所以，只要是不义的事情，不管是什么人做的，都要大胆地直言相劝。做儿子的如果一味盲从父亲的命令，那又怎能称为孝子呢？"

故事链接

晏子劝国君关心人民疾苦

晏子叫晏婴，又叫晏平仲，是春秋时期齐国的相国。作为国君的主要助手，晏子节俭朴素，关心人民疾苦，敢于当面批评国王的错误。

晏子学识丰富，思维敏捷，心地善良，爱国爱民，人们都很尊敬他。他在维护祖国尊严、关心人民疾苦、促进社会文明等多方面值得后人赞颂。

晏子个子矮，楚王看不起他，让他从小门进楚城，他说到狗国才开狗洞，看门人只好开大门迎接他。楚王在宴请时绑来齐人出身的罪犯来羞辱晏子，晏子说出了橘生淮南为橘，移到淮北变成酸枳的名言，狠狠地回击了楚王，讽刺齐国人好而楚国社会风气不好，巧妙地维护了齐国尊严，楚王不得不刮目相看。

在齐国，晏子也时时处处为人民利益着想，劝齐国国君齐景公关心人民的疾苦。

有一年冬天，大雪下了三天三夜，天气冷极了。齐景公披着白狐狸皮斗篷，坐在宫殿里观赏雪景，还派人去叫晏子也来赏雪。不一会儿，晏子来了，齐景公让他坐在一旁，说："没什么事吧，您难得有闲空，今天就和我一起赏雪吧！"

晏子没答话。过了一会儿，齐景公没话找话地说："真奇怪，一连下了三天大雪，可是一丁点儿也觉不出冷来。"

"天气真的不冷吗？"晏子追问了一句。

齐景公也觉得自己的话说得不对了，不好意思地笑了笑。晏子说："我听说贤明的君主在自己吃饱的时候，惦记着别人在挨饿；自己穿暖的时候，不忘别人的寒冷；自己安逸享乐，要想着劳苦的百姓。现在，您把这些全忘了。"

齐景公听着，脸不觉红了，忙说："您说得对，我明白了。"

说完，齐景公下令，从仓库里取一些衣服和粮食，发放给穷人。

齐景公特别喜欢养鸟。有一次，他得到一只非常美丽的小鸟，派一个叫烛邹的人特意给他养这只鸟。可是,过了几天,那只鸟飞走了。齐景公气得直跺脚,大声喊道:"烛邹,我要杀了你!"站在一旁的晏子说:"是不是先让我宣布烛邹的罪状,然后再杀也不迟。"齐景公说:"可以。"

这时候,武士们把烛邹绑来了,晏子绷着脸,严厉地对他说:"烛邹,你犯了死罪,罪过有三条:第一,大王叫你养鸟,你不留心让鸟飞走了;第二,你使国君为一只心爱的鸟要动手杀人了;第三,这件事如果让别人知道了,都会认为我们国君只看重鸟而轻视百姓的生命,从而看不起

齐国。所以国君要杀死你!"

说到这儿,晏子回过头来对景公说:"请您动手吧!"

齐景公明白晏子是在责备自己,他干咳了两声,说:"算了,算了,把他放了吧!"

接着,齐景公走到晏子面前,拱手说道:"若不是您及时开导,我险些犯了大错呀!"

过了些日子,春暖花开,齐景公亲自到山上捉鸟。他看见一只漂亮的鸟,刚要射箭,忽然传来一阵砍柴声,把鸟惊飞了。齐景公的坏脾气又上来了,立刻喊道:"把那个砍柴的抓起来,带回去!"这时,一个随从跑过来告诉齐景公:"那边有一个鸟窝,里面有响声。"

齐景公走过去一看,鸟窝里有一只刚出生不会飞的小鸟,毛茸茸的,张着小嘴不停地望着生人叫,齐景公觉得小鸟怪可怜的,就把它送回窝里了。

等齐景公回宫,让晏子碰见了,晏子问:"您今天捉了几只鸟?""咳,费了老大劲,捉到一只小鸟,我看它不会飞怪可怜的,就又放回窝里去了。"

晏子听完,转身向北拜了几拜,然后高声说:"我们国君今天做了圣人做的事啊!"

齐景公不以为然地说:"您说到哪去了。我抓了小鸟,看它小放了它,这跟圣人有什么关系呢?"

晏子说:"这件事虽小,可我看得出,您对鸟兽都有仁爱之心,我想,今后您一定会更加关心百姓,所以,我说您是做了一件圣人做的事啊!"

齐景公听了这话,想起押回来的那位砍柴人,忙说:"快放了那个砍柴人吧,我要做一个好国君。"

过了很长一段时间，齐景公心爱的小狗死了。他十分伤心，打算做一副上等的棺木厚葬爱犬，还决定让大臣们给狗举行隆重的葬礼。晏子阻拦他。齐景公不耐烦地说："这么件小事，您就不必管了。这是我想出来的办法，给大家取笑，耍着玩的。"

晏子郑重其事地说："您错了。现在有多少百姓冻死、饿死，死后无人埋葬，您不去管，反倒有心思和周围的人取乐。这明摆着是轻视百姓，只顾自己。百姓听了这件事，必定不拥护您做国君，各国诸侯听说了，必定看不起齐国。内有不满的百姓，外被诸侯小看，再加上大臣们跟你学开心取乐，齐国离危亡就不远了，这难道是小事吗？"

齐景公吓得出了一身冷汗，说："对呀！多亏您提醒了我。狗还是送厨房，炖了吃肉吧！"

晏子就是这样聪明机智，劝君爱民。百姓、大臣、诸侯、君王都敬重他的人品、才华。有一本叫《晏子春秋》的书，专门记录了晏子的一些动人故事，其中有许多至今还在人民当中流传着。

孙权知错认错

魏三国时吴国的张昭，是个两朝开济的老臣，他在孙权面前从来是直言不讳的，因此获得孙权的信任，也因此产生了矛盾。

有一次，远在辽东的公孙渊派人递降表，孙权一看，高兴极了，马上派张弥、许晏两人去拜公孙渊为燕王。

张昭听了，马上阻止说："公孙渊背叛了魏国，怕因此受到征讨，所以才远道来求我们援助，归顺不是他的本意。如果公孙渊改变了主意，打算重新获得魏国的谅解，就会杀人灭口，这两个使臣肯定回不来了。那样的话，不是白白送了他两人的性命而叫天下人耻笑吗？"

孙权说出自己这样做的想法，张昭一一加以驳斥。这样反复了几次，张昭一次比一次态度坚决，言辞非常激烈。

孙权说不过张昭，觉得面子上过不去，就变了脸，拔出宝剑怒气冲冲地说："吴国的士人入宫则拜见我，出宫则拜见您。我对您的倚重也到了无以复加的程度，可是您却多次在大庭广众之下让我难堪，我真担心有一天会因为不能容忍而杀死了您。"

听了这些，张昭既没慌张又没退缩，他非常镇定地说："我之所以明知道您并不按我说的做，还满腔热忱地来规劝您，是因为常常想到太后在临终时发出的遗诏，叫我精心辅佐您啊！"说完，泣不成声。

孙权见状也感到伤心，把宝剑扔在地下，和张昭相对而泣。但是孙权很固执，没有因此采纳张昭的意见，仍旧派张弥和许晏到了辽东。

张昭见孙权不听劝告，非常恼火，回府以后，就称病不理国事。孙权对他这样做很生气，干脆派人用土堵住了他的府门，表示永远不再用他为官。张昭看孙权把他家门堵了，非常气愤，他也不示弱，索性在院里用土封住了门，表示永远不出门为孙权办事。

张弥、许晏按照孙权的意图，来到辽东，公孙渊果真变了卦，把他们俩给杀了。

孙权万万没想到真让张昭言中了，他很惭愧，觉得对不住张昭，派人运走了堵在张昭门口的土，几次向他赔礼道歉，可张昭不理。派人前去，都吃了闭门羹。

怎么办呢？孙权灵机一动，派人放火烧张昭府上的大门。他想，大火一着起来，张昭还不往外跑？到那时，自己不就看见他了吗？

孙权觉得自己主意不错。可是，张昭看见孙权放火烧门，索性把大门关死，等着大火把他烧死。孙权一看这招不灵，大惊失色，真怕火着起来把张昭烧死，于是下令灭火。

孙权在门口暗暗责备自己，恨自己办错了事，伤了这位股肱之臣的心。张昭的儿子一看再僵持下去也太不像话了，就连劝带拉硬逼着父亲去见孙权。孙权一看张昭终于出了门，就诚恳地请他到宫中一叙。

张昭来到宫里，孙权向张昭承认了错误，并表示今后要尊重他的意见，搞好君臣关系。张昭见孙权这样诚心诚意，满肚子的闷气顿时一扫而光，就又竭尽全力地协助孙权治理国家。

魏征直言进谏

魏征，字玄成，祖籍巨鹿郡下曲阳县。他是唐朝政治家、思想家、文学家和史学家，因直言进谏，辅佐唐太宗共同创建"贞观之治"的大业，被后人称为"一代名相"。

魏征很小的时候父亲就去世了，家里很穷，但他却喜欢读书，掌握了广博的知识，后来又出家当过道士。隋朝末年农民起义风起云涌，他先后参加李密瓦岗军和窦建德起义军，李建成被杀后，他又因直言敢谏，受到唐太宗的重用。

唐太宗常把魏征召进宫内，叫他提些意见。唐太宗有不对的地方，魏征能够当面批评，甚至会弄得唐太宗一时下不了台。

有一次，唐太宗根据右仆射封德彝的建议，决定十八岁以上身体强壮还没有服役过的男子都要去当兵。但魏征不同意。因为按照当时的规定，皇帝的敕令，要由谏议大夫署名才能生效。

唐太宗问他："你不同意这样做，有什么理由？"

魏征回答："臣作为谏议大夫，有义务向陛下指出，这样做违背了治国安民的方针。我朝开国后即立下'男子二十岁当兵，六十岁可免'的规定，怎么能随便改变呢？"

孝 经

唐太宗非常生气,大声指责道:"你太固执己见了!"

魏征毫不退让,语重心长地说道:"陛下!把河水放光捕鱼,确实能捕到许多鱼,但明年就没有鱼了;把森林烧了打猎,确实会打到许多猎物,但明年就没有野兽了。如果十八岁以上身体强壮的男子都去当兵,今后国家的税赋徭役去向谁要呢?"

唐太宗这才幡然醒悟,收回了命令。

有时候,李世民还会和魏征一起讨论一些问题。

比如，唐太宗曾问魏征："历史上有过这么多帝王，为什么有的明智，有的昏庸？"

魏征回答道："能够多听听各方面意见的帝王，通常比较明智；一意孤行、只听单方面的意见的帝王，难免就会昏庸。""兼听则明，偏听则暗"的成语就是这样来的。

唐太宗赞许地说："你讲得真好啊！"

有个大臣叫郑仁基，女儿长得美丽又有才华，皇后要把她收为唐太宗的嫔妃。当册封的诏书写好后，有人说了一句："她不是已经与人有婚约了吗？"

魏征知道后，就向唐太宗进谏道："陛下住着亭台楼阁，就应该希望百姓有安身的房子；陛下吃着山珍海味，就应该希望百姓有充足的食物；陛下看着众多嫔妃，就应该希望百姓有称心的婚姻。现在陛下把已经与人订婚了的女子夺过来，这怎么符合人家父母的心意呢？"

唐太宗听了这番话，马上取消了册封。

当魏征患病去世后，唐太宗罢朝五天，亲自登上御苑西楼，遥望魏征逝世之处寄托哀思。他沉痛地说："用铜作镜子，可以端正衣帽穿戴；用历史作镜子，可以知道国家兴亡的原因；用人作镜子，可以明白自己的行为是否正确。现在魏征去世，使我失去了一面镜子。"

魏征能在初唐的政治舞台上发挥作用，确实是与唐太宗闻过则喜、从谏如流的气度分不开的。

唐太宗时能够大胆进谏的大臣，还有一位马周。马周原来只是守卫玄武门的中郎将常何的门客。

公元631年，李世民下令百官上书谈论朝政得失。常何是个武将，不懂政治，感到谈不出什么，为此很犯愁。马周知道了，马上动笔为他写了二十多条关于政治得失的意见，让他去交差。

孝 经

　　李世民读了以后,觉得条条都切中要害。他很奇怪,常何这一介武夫怎么变得这样有政治头脑了,就找他来面谈。常何一向老实,他坦白地告诉李世民上书的内容都是马周写的。李世民马上召见马周,一番谈话,对他十分赏识,不久便任命他为监察御史。

　　马周没有辜负李世民对他的期望,经常进谏,向李世民提出了一些建设性的建议。他要李世民吸取隋朝灭亡的教训,要了解民间的疾苦,爱护百姓;他要李世民不要太宠爱子女,没有必要每年加赐金银珍宝,因为奢侈只会害了子女;他要李世民以人为本,真正让百姓满意,就得选拔德才具备的好官。对马周提出的这些建议,李世民都认真听取,并加以推行。

　　魏征、马周等人还提醒李世民,隋末因为滥刑暴政而迅速灭亡。李世民因此非常重视立法安民,要求有关部门融合前朝立法、司法经验,制定了《贞观律》,使封建礼教法律观成熟完善起来,为稍后制定《唐律》打下了基础。

感应章第十六

　　感应，即互相影响，交感相应。孔子在第七章里说："夫孝，天之经，地之义，民之行也。"天、地、人在孝经里构成为一个整体，如果人能敬天、敬地并互敬，那么上天就能风调雨顺，就能保佑人间，赐福于人间，地神就会孕育万物，使五谷丰登。

　　这一章讲明孝悌之道，不但可以感人，而且可以感动天地神明。神明受到感动而降下福瑞来保佑孝子。中国古代哲学认为天人合一，故以天为父，以地为母。人为父母所生，即天地所生，所以说有感即有应，以证明孝悌之道无所不通，所以将其列为第十六章。

　　孔子认为上古的圣明之君，父天母地，以孝感通神明。孝悌之道，如果能够做到极致的程度，就可以与天地鬼神相通，天人成了一体，互为感应，德教自然光显于四境之外，远近幽明，无所不通。照这样去治理天下，自然民间和睦，上下无怨了。

　　当然由于当时科学的落后，认识自然的能力有很大的局限，所以即使是孔子，其思想中有很多封建迷信色彩，这是可以理解的。对我们今天来说，掌握大自然的规律，因地制宜，发展经济，增强减灾抗灾能力，同时让我们都奉献自己的一颗爱心，团结起来互相帮助，这种力量同样能感天动地。孔子的孝道演化成了人们的美好品德。

孝 经

子曰：昔者，明王事父孝，故事天明①；事母孝，故事地察②。长幼顺，故上下治③。天地明察，神明彰矣④。故虽天子，必有尊也，言有父也⑤；必有先也，言有兄也⑥。宗庙致敬，不忘亲也⑦；修身慎行，恐辱先也⑧。宗庙致敬，鬼神著⑨矣。孝悌之至，通于神明，光⑩于四海，无所不通。

《诗》云：自西自东，自南自北，无思不服⑪。

注释

❶ 明王事父孝，故事天明：这是说贤明的帝王侍奉父亲很孝顺，所以在祭祀天帝时能够明白上天覆庇万物的道理。事天明，天子祭天，能够明白上天庇护万物的道理。

❷ 事母孝，故事地察：这是说贤明的帝王侍奉母亲很孝顺，所以在祭祀后土时能够明察大地孕育万物的道理。事地察，天子祭地，能够明察大地生长万物的道理。

❸ 治：整饬（chì），有条不紊。

❹ 天地明察，神明彰矣：这是说贤明的帝王能明察天之道，明晓地之理，以侍奉父母的孝顺侍奉天地，天地之神也就能明察明王的孝心，充分地显现神通，降临福瑞来保佑。神明，宗教迷信中认为的一种超自然的具有人格和意志的力量。彰，表扬，赞许的意思。

❺ 故虽天子，必有尊也，言有父也：天子虽然地位尊贵，但是必定还有尊贵于他的人，那就是他的父亲。

❻必有先也，言有兄也：天子必还有长于他的人，那就是他的兄长。

❼宗庙致敬，不忘亲也：这句的意思是到宗庙祭祀祖先时要极尽诚敬，这是不敢忘记祖先的恩德。宗庙，祭祀先祖的地方。

❽修身慎行，恐辱先也：这句的意思是平日里修身养性，谨慎自己的言行，这是唯恐玷污了祖先的英名。修身，指修养身心。慎行，行为小心谨慎。辱，羞辱，侮辱。先，先祖。

❾鬼神著：祖先的神灵显现，前来享受子孙诚敬的祭祀。著：昭著之意，指神灵显著彰明。

❿光：照耀。

⓫自西自东，自南自北，无思不服：语出《诗经·大雅·文王有声》。意思是天下四方，无有不服。原诗歌颂周文王和武王显赫的武功。无思不服，没有人不服从。

解读

孔子说："从前，贤明的帝王侍奉父亲十分孝顺，所以在祭祀天帝时能够明白上天降生万物的道理。贤明的帝王能够处理好长幼秩序，所以对上下各阶层也就能够治理好。贤明的帝王能够明察天地覆育万物的道理，神明感应其诚，就会彰明神灵、降临福瑞来保佑他。所以，即使贵为万民的天子，但还有比他更尊贵的人，那就是他的父亲；还有比他更先出生的人，那就是他的兄长。到宗庙里祭祀致以恭敬之意，是没有忘记自己的亲人。修身养性，谨慎行事，是因为恐怕因自己的过失而使先人蒙受羞侮辱。天子在宗庙祭祀祖先时，能诚心表示敬意，那么鬼神必显扬他的功德。孝悌的最高境界，就是能感通神明，能感化四海万邦的臣民，能使人人相互感应。"

孝　经

《诗经·大雅·文王有声》篇中说："自西自东，自南自北，没有人不肯归顺服从的。"

故事链接

孝感动天

舜，传说中的上古帝王，五帝之一。姓姚，名重华，号有虞氏，史称虞舜。据说虞舜的父亲双目失明，母亲早就去世了。盲人父亲又娶了一个妻子，也就是虞舜的后母。后母生了个儿子，取名叫象。

象好吃懒做而且非常傲慢，经常在父母面前说异母哥哥虞舜的坏话。虞舜并不介意这些事。他十分孝顺自己的盲人父亲，对待后母和异母弟弟象也很好。

他的父亲瞽叟听信继母谗言，多次想害死舜，有次他家谷仓仓顶漏雨，他的父亲让舜修补仓顶，他的继母在谷仓下纵火，想烧死舜，舜在仓顶上一见起火，想找梯子，但梯子已经不知去向。

幸好舜随身带着两顶遮太阳用的笠帽。他双手拿着笠帽，像鸟张翅膀一样跳下来。笠帽随风飘荡，舜轻轻地落在地上，一点儿也没受伤。

舜的继母和父亲一计不成又生二计，又让舜挖井取水，当舜挖井挖到几米深时，他同父异母的弟弟象和他继母却下土填井，舜掘地道穿山逃脱。事后舜明知道他父母和弟弟要置他于死地，但他不记恨，仍然对父亲恭顺，对弟弟慈爱，对继母谦逊。

舜的孝行感动了天帝，舜在厉山耕种田地时，天帝派大象替他耕地，大鸟替他锄草。帝尧听说舜非常孝顺，心胸宽广，就知道舜将来必成大器，定有处理政事的才能。

帝尧就把两个女儿娥皇和女英嫁给了他，很多大事让舜去做，经过多

感应章第十六

年对舜的考验,尧决定退位选定舜做他的继承人。

舜登帝位后,仍然去看望他的父亲和继母,孝敬他们、赡养他们,他的同父异母的弟弟象,也悔过自新,帮舜治理天下,舜封他的弟弟象为诸侯。

啮指心痛

曾子是孔子的弟子,他品德高尚,孝顺父母。孔子认为他可通孝道,经常和他一起讨论关于孝的问题,为后人留下了许多关于孝的言论。

有一次,曾子吃过午饭便到山里砍柴去了,他母亲一个人在家里。他刚去不久,家里忽然来了几个客人,当时家里没有什么东西可以用来招待客人。母亲着急,一时不知如何是好。"唉,要是曾参这时候能够回来帮我一下就好了。"

母亲这样想着,并在心里焦急地盼望着儿子的出现。可是等啊等,等了好长时间,还不见儿子的身影。情急之中,忽然想到了一个办法,她知道母子的血脉是相通的,于是就用牙齿将自己的一根手指咬破。

果然,曾子在山里就忽然感到一阵心痛,他料想家里一定是发生了什么事情,就急忙挑着柴回家。回到家里,客人还没有走,曾子便帮着母亲招待客人。待客人走后,曾子跪在母亲膝前,请母亲告诉他为什么家里来了客人他会心痛。

母亲便向曾子解释道:"因为客人来了以后,家里没有招待客人的东西,我见你尚未归来,就咬破手指,我想你必定会有感觉,能早点回来,帮助招待客人。"

这实际上是一种心灵感应,曾参每每心痛,体现了思念之切和骨肉之情。

薛包孝敬继母

薛包,字孟尝,汉安帝时汝南人。他年轻时就勤奋好学,对人厚道,懂得礼貌。母亲常年疾病缠身,卧床不起,薛包求医煎药,端水送茶,问冷问热,伺候得非常周到。于是他孝敬老人的名声,便传遍了乡里。

母亲去世之后,父亲又娶了一房妻子。为了讨个好名声,继母对薛包大面上总还过得去。但时间一长,就容不得了,开始在父亲面前说薛包的坏话。

天长日久,父亲信以为真,就叫薛包出去自己过。薛包不忍抛下父母自己另过,就日夜哭泣。这下可惹恼了父亲,竟用棍杖把薛包赶了出去。

薛包无奈,只好在院外搭个棚子,晚上睡在那里,早晨起来还是回到家里,洒扫庭院。父亲还是逼他走,他实在没办法了,只好在村外搭个小棚,住在那里,早晚还是回家来洒扫院子,干些伺候父母的零活。不管刮风下雨,还是大雪飞扬,一年多从不间断。薛包的孝心终于感动了父亲和继母,又准许薛包搬回家住了。

薛包回家住之后,更加孝敬继母,关心体贴,竭尽孝心。在继母病重时,他问病求医,煎药送水,时刻不离。白天,渴不思饮,夜晚,衣不解带。直到继母去世,从无倦怠之意。

父母双双过世之后,继母生的弟弟要求分家。薛包一再劝阻,仍是无效,便主动把好的房屋、田地、器物、能干的用人,留给了弟弟,自己把老得不能干活或无家可归的用人领去,他说:"这些老人和我共事多年了,你不能使用他们,留给我吧。"

田地,薛包拣荒芜贫瘠无法耕种的要,房屋,他拣破旧倒塌的要,他说:"这是我年轻时所经营的,我很留恋这些土地和房屋啊!"器具物品,他拣破烂的要,他说:"这些器具物品是我平素吃穿用的东西,适合我的身体和胃口啊!"

弟弟好吃懒做,不务正业,不久,就把分得的家产全卖光了。薛包就经常周济他,不袖手旁观,也不埋怨挖苦。乡里人有的说:"你弟弟游手好闲,对你又不好,也不是一母所生,有钱也不能给他呀!"薛包笑着回答说:"兄弟团结友爱,也好让九泉之下的老人放心哪,这也是尽孝心呀!"

汉建光年间,薛包的孝行传到了京城,得到了皇帝的重视,公车特召他当侍中官。

孟宗哭竹生笋

晋朝时有个叫孟宗的孩子,很小的时候便失去了父亲,母亲含辛茹苦将他拉扯大,且常教育他勤学苦读。在母亲的督促下,他终于学有所成。

孝 经

孟宗非常孝敬母亲。有一年,孟母突然病了,病情日益严重,饭食难以下咽,孟宗看在眼里,急在心头。孟母原本爱吃清新鲜嫩的竹笋,如今身在病中,跟孟宗唠叨着,说想吃笋煮的羹汤之类的食物。

可是,当时正值数九寒冬,万木凋零,哪有鲜嫩的竹笋啊?孟宗无计可施,只好独自跑到竹林里,然而目之所及,只有一片焦黄。想到母亲的病情,想到母亲的心愿,他不禁悲从中来,扶着竹子,放声大哭。

或许孝心感动了天地,就在孟宗哀恸得难以自制的时候,竹林里出现了奇迹:在他的泪水飞洒之处,竟然破土冒出一颗颗竹笋来,尖尖的、绿绿的、毛茸茸的,还带着露滴呢!

孟宗喜出望外,马上掘出几棵竹笋抱回家,精心做成羹汤,端给母亲喝。喝着热乎乎的汤,孟母乐得眉开眼笑,病情也随之好转。

事君章第十七

　　本章说明忠君事君的道理。为人子女的,始于事亲,是孝的小部分;长大事君,能为国家办事,为全民服务,这才是孝的大部分。所以孔子特别把事君列为第十七章。

　　孔子是站在一个国家的高度来谈论孝道的。没有国哪有家?所以孔子从一个人如何孝敬父母入手,渐渐将孝道的最终目标定在了如何对待国家利益上。孔子被奉为圣人,受到历代君王的祭祀,这不是没有道理的。

　　那么怎样才能算是尽忠尽职呢?那就是不仅要"以孝事君","当其不义,则争之",还要做到"进思尽忠,退思补过,将顺其美,匡救其恶"。即全心全意地为国为民,在国家利益面前要有牺牲个人利益的胸襟。

　　事君尽忠,为臣爱君,虽远处异地,都不忘怀。君臣到了这种程度,可谓同心同德,上下一心,社会还能不好吗?国家还能不太平吗?

　　孝亲到了事君的阶段,这正是青年人有为之时。青年人如能照孔子所指示的方法去实行,那么,不但爱敬之心尽于父母,而且治国平天下的责任,都能够担在身上了。

孝 经

子曰：君子之事上❶也，进思尽忠❷，退思补过❸，将顺其美，匡救其恶❹，故上下能相亲也❺。

《诗》云：心乎爱矣，遐不谓矣，中心藏之，何日忘之❻？

注释

❶ 事上：侍奉君王。

❷ 进思尽忠：是说出而为国家做事，要想到怎样尽忠心，没有一点虚伪不实之处。进，进见于君，指为朝廷做事。

❸ 退思补过：是说回到家里，要反思君王，有没有做错事情。退，指退居在家。

❹ 将顺其美，匡救其恶：这句话的意思是对于君王的美政，要帮助其推行；对于君王的过失，也要匡正补救。将，执行，实行；匡救，扶正补救。

❺ 上下能相亲也：概括而言，臣能效忠于君，君能以礼待臣，君臣同心同德，就能相亲相爱。

❻ 心乎爱矣，遐不谓矣，中心藏之，何日忘之：引自《诗经·小雅·隰（xí）桑》篇。内心敬爱他，何不告诉他；心里永远存着敬爱君王的真诚，哪有一天会忘记呢？遐不，何不；谓，告诉；中心，即心中；藏，隐藏。

解读

孔子说："君子侍奉君王，在朝廷的时候，要想着如何竭尽其忠心为君谋划；下朝居家的时候，要想着如何补救君王的过失。对于君王的美政，要帮助顺从推行；对于君王的过失，也要匡正补救。这样，君臣关系才能够相互亲敬。"

《诗经·小雅·隰桑》篇说："心中怀着对君王的敬爱，为什么不说出来呢？要将尽忠的真诚永藏在心中，哪一天能够忘记它呢？"

故事链接

孟子提倡孝悌

在一个秋雨连绵的夜晚，孟子和学生们围坐在一起讨论孝悌和修养的关系问题，爱提问题的公孙丑首先提问："老师，您为什么那么重视孝悌呢？"

孟子解答："因为要实行尧舜的仁政，必须立足于孝悌。"

公孙丑接着问："那么，什么是孝悌呢？"

孟子解释说："孝顺父母为孝，尊敬兄长为悌。孝和悌是仁义的基础，只要每个人都爱自己的双亲，尊敬自己的兄长，天下就可以太平。"

孟子谴责不孝顺父母的人，他认为不孝有五项内容。

学生公孙丑问他有哪五项内容时，孟子说："世俗所谓不孝的事情有五件：四肢懒惰，不管父母的生活，一不孝；好下棋喝酒，不管父母生活，二不孝；好钱财，偏爱妻室儿女，不管父母生活，三不孝；放纵耳目的欲望，使父母因此受耻辱，四不孝；逞勇敢，好斗殴，危及父母，五不孝。"

孟子还认为，父母死后，应当厚葬久丧。孟子老母死了，孟子隆重送葬，棺和椁都选用上等的木料，还专门派学生监督工匠制造棺椁。事后，他的学生也觉得选用的棺木太好了，便带着疑问对孟子说："前几天，大家都很悲伤、忙碌，我不敢向您请教，所以今天才提出来。您看，用的棺木是不是太好了呢？"

孟子解释说："对于棺椁的尺寸，上古时没有一定的规定；到了中古，才规定棺厚七寸，椁要与棺相称。从天子一直到老百姓，都这样做了，才算尽了孝子之心。古人都这样做了，我为什么不能这样做呢？我给你们讲孝悌时，不止一次地对你们说过：在任何情况下，都不应当在父母身上省钱啊！"

公元前325年，滕国的国君滕定公死了，太子派然友去请教孟子怎样办丧事。孟子主张厚葬久丧。他对然友说："父母的丧事，尽心竭力去办就是了。曾子说过，当父母在世时，应按照礼节去侍奉；他们去世了，应按照礼节去埋葬和祭祀，这就是尽孝。诸侯的丧礼，我虽然不曾学习过，但也听说过，就是实行三年的丧礼。从国君一直到老百姓，三年中，都要坚持穿孝服，夏、商、周三代都是这样办的。"

然友回到滕国，把孟子的话向太子汇报了，太子觉得孟子说的有道理，便决定实行三年的丧礼。但是，命令下达后，滕国的父老和官吏都不愿意，有人说："三年丧礼，连我们的宗主国鲁国的历代国君都没有实行过，我们何必去实行呢？"

又有人说："这样做，耗费太大了。"当时议论纷纷，众说不一。

太子也觉得难办，又把然友找来，对他说："我过去不曾搞过学问，只喜欢跑马舞剑。今天，我要实行三年之丧，百姓和官吏都不同意，恐怕这一丧礼我难以实行，请您再去替我问问孟夫子吧！"

然友受太子的委托，又匆忙坐上马车去请教孟子。孟子听了然友介绍后，严肃地说："唉，这么一件事，太子何必老问别人呢？孔子说过：'国君死了，太子把一切政务交给相国，在孝子之位痛哭就是了。这样，大小官吏没有人敢不悲哀的，因为太子亲身带头的缘故啊！'国君的作为

事君章第十七

好比风,百姓的作为好比草,风向哪边吹,草自然向哪边倒。这件事,太子的态度一定要坚决。"

太子听了然友的汇报后,坚定地说:"对,这应当取决于我。"

于是,太子在丧棚里住了五个月,不曾亲自颁布过任何命令和禁令,这样一来,官吏们和同宗族的人都很赞成,认为太子知礼。

五个月过去了,到举行殡葬的那天,各国都派使者来吊丧,四面八方的人都来观礼,太子面容悲哀,哭泣哀痛,参加吊丧的人也都哀痛。

后来孟子宣扬的厚葬久丧,已没有人尊奉了,但他提倡的尊敬父母兄长,感激父母的养育之恩已成为美好道德风尚。

殷不害雪夜寻母

殷不害,字长卿,陈郡长平人。他的祖父和父亲都曾经在朝廷做过官。殷不害从小时候起就非常孝顺，在家乡邻里之间十分有名。

殷不害家里世世代代都很勤俭，生活却很清贫。不害有五个年幼的弟弟，母亲身体多病，他侍奉母亲，供养弟弟，勤勤恳恳，关心备至，母子、兄弟之间和睦融洽，生活虽是清苦，却也欢欢乐乐。

殷不害十七岁的时候，朝廷征召他去做官。为官后，在政事上他显示出了非凡的才能。同时，他对儒家学说也有很高的修养。他对国事十分关心，国家的刑名法度如果有不符合国情的地方，他就直言上谏，提出自己的建议。

由于殷不害的建议是来自实际调查，十分合理，因此，大部分都被采纳了。因为政绩突出，后来他被调任辅佐太子；太子登上皇位后，更加信任他。鉴于他能行孝道，皇上还赐给他母亲很多生活用品。

后来，因为有一个叫侯景的作乱，到处烧杀抢掠。殷不害的母亲在逃难途中冻饿不堪，最后死在荒野中的山沟里。当时，正值隆冬时节，大雪纷纷，天寒地冻，他不知道母亲究竟在什么地方。他披星戴月，到处寻找。凡是发现山沟里有尸体，就不顾一切地跳下去，抱起尸体仔细察看，希望能找到母亲的尸体。

就这样，殷不害找了七天七夜，才发现了母亲的尸体。他十分悲痛地伏在母亲的尸体上失声大哭，晕过去好多次。过路的人看见他的样子，很受感动，把他救醒，婉言劝慰，帮他把母亲的尸体护送回家，妥善安葬。

丧亲章第十八

丧亲，指父母亡殁。这一章讲父母去世，孝子办理丧事和祭祀时应有的表现。孔子对曾子专讲慎终追远之事。

父母在世之日，孝子尽其爱敬之心，父母可以亲眼看见，直接享受。一旦去世，孝子不能再见双亲，无法再尽敬爱之情，孝子的那种心情，当是何等哀痛。孔子特为世人指出慎终追远的大道，以传授曾子，教化世人，使之有所取法。

孔子向曾子大致讲了孝子料理丧事的一些原则和纲要。首先，遭遇丧亲之痛，那他的哀痛之情当无以复加，但同时也要注意，不要哀戚过度。因为过度悲伤会损害健康，这一方面违背了死者的心愿，另一方面不利于为君尽忠为国尽职，所以孔子奉劝孝子要懂得节哀。这种丧应有节的思想是十分符合人性的。

接着，孔子讲到了丧事的具体处理。父母去世以后，必须谨慎地把棺椁衣衾准备好，把他们收殓起来。收殓以后，在灵堂前边，陈设方圆祭器，供献祭品。早晚哀戚以尽孝思。送殡出葬之时，抚心顿足痛哭号泣，哀痛迫切地送殡。至于安葬的墓穴，必须选择妥善的地方，幽静的环境。

安葬以后，依其礼法制度，建立家庙或宗祠。三年丧毕，移亲灵于宗庙，使亲灵有享祭的处所，以祀鬼神之礼祀之，春秋祭祀，因时以思慕之。

孝 经

子曰：孝子之丧亲①也，哭不偯②，礼无容③，言不文④，服美不安⑤，闻乐不乐⑥，食旨不甘⑦，此哀戚之情也。

三日而食⑧，教民无以死伤生⑨，毁不灭性⑩，此圣人之政⑪也。丧不过三年⑫，示民有终也。

为之棺、椁、衣、衾⑬而举之，陈其簠簋而哀戚之⑭。擗踊⑮哭泣，哀以送之⑯；卜其宅兆⑰，而安厝⑱之；为之宗庙，以鬼享之⑲；春秋祭祀，以时思之。

生事爱敬，死事哀戚，生民⑳之本尽矣，死生之义备矣，孝子之事亲终矣㉑。

注释

❶ 孝子之丧亲：孝子失去父母。孝子，指丧失亲人的孩子。丧，丧失，失去。

❷ 哭不偯（yǐ）：是指哭的时候，哭声随气息用尽而自然停止。偯，哭泣的余声，以致气竭声嘶，已到悲伤痛哭的极点。

❸ 容：保持端正的容貌。

❹ 言不文：这是说丧亲时，孝子说话不应辞藻华美，文饰其辞。文，指文辞方面的修饰，有文采。

❺ 服美不安：孝子丧亲，穿着华美的衣裳会于心不安，因此，丧礼规定孝子要穿缞（cuī）麻。服美，穿着漂亮、艳丽的衣裳。

❻ 闻乐（yuè）不乐（lè）：由于心中悲哀，孝子听到音乐也并不

感到快乐。所以，丧礼规定，孝子在服丧期内不得演奏或欣赏音乐。

❼ 食旨不甘：这是说即使吃美味的食物，孝子因为哀痛也不会觉得好吃。旨，鲜美的食物。甘，香甜。

❽ 三日而食：父母去世，孝子不食三日，三日之后，就可进食。

❾ 无以死伤生：不可因亲人之死而伤害到活着的人。

❿ 毁不灭性：因哀痛而身体瘦削，但不危及生命。毁，哀毁，因悲哀而损坏身体健康。性，命。

⓫ 政：法则。指圣人制礼施教的法则。

⓬ 丧不过三年：指守丧之期不可超过三年。

⓭ 棺、椁（guǒ）、衣、衾：丧礼规定，死者的地位身份高低尊卑不同，棺、椁的厚薄、数量不同，衣、衾的多寡也不同。棺，棺材。椁，套于棺材外之木盖。衣，指敛尸之衣。衾，指给死者铺盖的被褥。

⓮ 陈其簠（fǔ）簋（guǐ）而哀戚之：丧礼规定，从父母去世，到出殡入葬，死者的身旁都要供奉食物，用簠、簋、鼎、笾（biān）、豆等器具盛放，此处只举"簠簋"为代表。陈，陈列、摆设。簠簋，古代盛放食物的两种器皿。戚，哀伤。

⓯ 擗（pǐ）踊（yǒng）：捶胸顿脚。古丧礼中，表示极度悲痛的动作。擗，捶胸。踊，跳跃。

⓰ 哀以送之：悲哀地出殡、送葬。

⓱ 卜其宅兆：用占卜的方法选择陵园墓穴。卜，占卜。宅，墓穴。兆，坟园，陵园。

⓲ 安厝：安置，指将棺椁安放到墓穴中去。厝，同"措"，安置。

⓳ 为之宗庙，以鬼享之：父母安葬后，将死者的魂神迎回宗庙进行祭祀。

⑳ 生民：人民。
㉑ 孝子之事亲终矣：孝子已经尽到侍奉双亲最终的孝道了。

解读

孔子说："孝子在父母丧亡时，由于哀伤过度，哭得声嘶力竭，以致泣不成声。举止行为失去了平时的端正礼仪，言语没有了条理文采，穿上华美的衣服就心中不安，听到美妙的音乐也不快乐，吃美味的食物不觉得好吃，这样的言行动作，都是因哀戚的关系，不由自主。这是做子女的因失去亲人而悲伤忧愁的表现。

"父母丧亡三天后，就可恢复正常饮食，这是教导人民不要因父母的丧亡而伤害到自己的生命，更不可因哀悼父母的丧亡而使活着的人受到伤害，那样做就违背了人性。这是圣人的政令。治丧更不可超过三年，这是向人民表示治丧应有的一定的期限。

"办丧事的时候，应该谨慎地为去世的人把衣服穿好，被褥垫好，内棺整妥，外椁套妥，把他收殓起来。之后，在灵堂前边，陈设方圆祭器，供献祭品，早晚哀戚以尽孝思。

"出殡的时候，先行祖饯，表示不忍亲人离去。女子抚心痛哭，男子顿足号泣，哀痛迫切地来送殡。兴建起祭祀用的庙宇，使亡灵有所归依并享受生者的祭祀。在春秋两季举行祭祀，以表示生者无时不思念亡故的亲人。

"父母在世之时，侍奉父母，要以亲爱恭敬的态度；父母丧亡时，送葬父母，要以悲愁哀伤的心情，这样才算是尽到为人子女应尽的本分，这样养生送死的大义才算是齐全了。这就是孝子侍奉双亲的最终表现。"

丧亲章第十八

> **故事链接**

廉范笃行孝道

廉范，字叔度，后汉京兆杜陵人。年少时，父亲在四川遭遇丧乱，客死在异乡。他长到十五岁时，就急于去四川接父亲遗骨归乡安葬。当时的蜀郡太守，原来是他父亲的部下，拿出很多钱，资助他迎丧。他婉言相拒，认为用别人的钱迎骨，对父亲不够孝敬。

廉范步行背遗骨到了葭萌，后又乘船于白水江，不幸小船触礁，别人都弃物逃命，他却抱着遗骨不放，眼看就要被淹没于水中。其他船上和岸上的人被他的孝行所感动，便七手八脚地用绳索铁钩把他捞到岸上。经多

方抢救，他才脱险。历尽艰难险阻，他终于把父亲的遗骨安葬在了家乡的土地里。

后来，廉范到公府当了府掾，正赶上他的老师薛汉因参与楚王谋反而被杀。没有人敢出面收尸，廉范左思右想，感到无论如何也不能让自己的老师暴尸荒野，就冒着杀头的危险前去收尸。后来被人告发，汉明帝特别恼火，问他为什么去收尸。

廉范说："薛汉谋反应该杀头，但他是我的老师，学生怎能让自己老师的尸体弃于荒野呢？收尸只是师生之情，绝没有其他任何原因，愿领受处分。"明帝知道他是廉颇的后代，也知道他和谋反无关，便赦免了他。从此，他得了个好义的名声。

永平初年，廉范应陇西太守之请，当了公曹。到任不久，他就断定太守要蒙难入狱，便辞去了功曹，隐名埋姓，到洛阳去当了狱卒。

时过不久，太守果然被解到洛阳下狱。在狱中太守得到了廉范的保护和无微不至的关照，少受了很多罪，内心十分感激。廉范说，你聘请我是情，我照顾您是义，人应该有情有义呀。后来直到太守死去，安葬完毕，他才离开洛阳。

廉范以孝义而出名，当了云中太守。这时正赶上匈奴入侵，他带领本部少数人马，孤军奋战，机智勇敢地打败入侵的匈奴人，因功调迁蜀郡太守。到任后，他顺从民意，兴利除弊，使蜀地百业俱兴，得到了百姓的拥护和颂扬。

廉范急功好义，忠勇报国，当时人们都说："孝是做人的根本，廉范孝敬父母，对朋友竭尽忠诚；在国家有难的时候，机智勇敢，不怕牺牲，报效国家；在看到百姓痛苦的时候，能施恩于民，兴利除弊。这都是他笃行孝道的具体表现啊！"

古人云："忠臣出于孝悌之家"，一点也不假呀！

乐文德赤足奔父丧

乐颐，字文德，南阳涅阳人。他少年的时候，无论是说话或做事都十分谨慎小心，待人接物也特别和蔼诚实。家里人看他这样，个个心里乐滋滋的；邻里们见他如此，人人夸赞他一定是个有出息的好孩子。

乐颐读书十分勤奋，诸子百家，儒墨法杂，无不通晓。长大以后做了京府参军，由于他能力超群，秉性忠厚，在任期间深得上司的赏识，也深得同僚们拥戴。

后来，乐颐的父亲在郢州家里病故，乐颐得到噩耗以后，急急忙忙跑到上司那里请假回家奔丧。由于思亲情切，半路上他常常哭得死去活来。他想起父亲对他的养育和教诲，想起自己的成长过程，每一步都深深地印着父亲苦心的痕迹。

路上，乐颐嫌车子走得太慢，索性跳下车子，飞一样向家乡的方向跑去，可由于感情太悲戚，没跑多久，他就累得晕倒了，醒来以后，他才发现鞋子跑丢了，脚也磨破了，血糊糊的。

一个商贩看乐颐累得实在太可怜，问明原因以后，强拉着他坐上了拉货的大牛车。就这样，他一路上忧心如焚，几经周折，总算回到了家里。

乐颐年轻的时候曾经得过一场重病，他被病痛折磨得白天坐不稳，黑夜睡不安。白天，他常常躲在院子的角落里装作干活的样子，为的是不让老母亲为他担心。

夜里，因为乐颐的卧室跟他老母亲的居室只是一墙之隔，为了不让老母亲发现他的病情，于是强忍住剧痛，决不发出一声呻吟；有时他站起来走动，脚步也是轻轻的；有时他咬住被子，握紧拳头，强制自己躺在床上，所以他盖的被子也被他咬碎了一大片。

在乐颐患病期间，他也跟平时一样，按时过问母亲的起居饮食，从来没有间断过。

贞孝女宗李氏的孝行

范阳卢元礼的妻子李氏是赵郡太守李叔彻的女儿,由于她生前对长辈异常孝顺,死后被追谥为"贞孝女宗"。

李氏十几岁的时候,父亲在住所死去了。她虽然还很小,但对父亲的死却十分悲痛,恸哭失声,多次晕厥。幸亏母亲崔氏苦心劝慰,才停住了悲泣。后来李氏常想念父亲,偷偷地哭,几年下来,瘦得连站起来都困难了。

后来她嫁给了卢元礼,离开了家,也离开了母亲。她天天想家,夜不

成眠，饮食也一天天地减少，身体也一天天地瘦弱了。卢元礼家里人一齐劝解，还是不顶事，只好把她送回娘家。可是过几天回到卢家后，仍然像以前一样。

卢元礼的母亲为了让她安心，反反复复来回送接了八九次。几年以后，卢元礼死了，李氏追思夫婿心情悲切，常常废寝忘食。但她从来没有忘记安慰婆婆，照顾婆婆。

晨昏起居，适时问候，李氏从来也不耽误。织布裁衣，煮饭做菜，从来不让婆婆伸手。婆婆身体不适的时候，她一定请医买药，直到康复她才安下心来。

不久，李氏的生母崔氏病故了。家里派人把噩耗告诉她，李氏初闻凶讯，立刻恸哭起来，哭着哭着就晕过去了，一宿到天亮才苏醒过来。

李氏一天天什么也吃不进，身体也日渐虚弱。婆婆担心她一个人回娘家有困难、有危险，就决定亲自送她回娘家奔丧。一路上历尽艰辛，跋山涉水，搭车乘舟，好歹才回到了家。

李氏见到母亲的棺木，摇摇晃晃地跑上去，伏在棺材上大哭起来，哭了一会她就哭不出声了……婆婆和她的兄嫂们急忙解救，好一阵子才醒过来。几天后，母亲落葬了，李氏几次哭昏在坟头。

后来，婆媳俩回了家。从此以后，婆媳间更加亲近了。当时的官府为褒扬她，把她居住的地方更名为孝德里。

名言妙语

1. 夫孝，天之经也，地之义也。
2. 夫孝，德之本也，教之所由生也。
3. 五刑之属三千，而罪莫大于不孝。
4. 孝悌之至，通于神明，光于四海，无所不通。
5. 天地之性，人为贵。人之行，莫大于孝。
6. 爱亲者，不敢恶于人；敬亲者，不敢慢于人。
7. 事亲者，居上不骄，为下不乱，在丑不争。
8. 在上不骄，高而不危；制节谨度，满而不溢。
9. 不爱其亲，而爱他人者，谓之悖德
10. 夫孝，始于事亲，中于事君，终于立身。
11. 君子之事亲孝，故忠可移于君；事兄悌，故顺可移于长。
12. 要君者无上，非圣人者无法，非孝者无亲。此大乱之道也。
13. 用天之道，分地之利；谨身节用，以养父母，此庶人之孝也。
14. 故当不义，则子不可以不争于父，臣不可以不争于君，故当不义则争之。
15. 先之以敬让，而民不争；导之以礼乐，而民和睦；示之以好恶，而民知禁。
16. 进思尽忠，退思补过，将顺其美，匡救其恶，故上下能相亲也。
17. 身体发肤，受之父母，不敢毁伤，孝之始也；立身行道，名扬后世，以显父母，孝之终也。

读后感

　　孝是中华民族的传统美德，是我们需要用毕生去完成的使命。百善孝为先，它是我们对父母最真切的报答，对父母之爱的一种最朴实的表现。孝心无价，唯在心灵深处才能感触。

　　在我国，孝的观念源远流长，甲骨文中就出现了"孝"字，这也就是说，在公元前11世纪以前，华夏先民就已经有了孝的观念。到了春秋时期，儒家学派创始人孔子是一位首先全面而系统地论述孝道的人，《论语》和《孝经》等著作中记载了他在这方面大量的言论。

　　《孝经》在中国思想史上有着不容忽视的地位，特别是汉代统治者宣扬"以孝治天下"之后，在漫长的封建社会里，它成为人们修养自身的必读书目之一。《孝经》是曾子问孝于孔子，退而和学生们讨论研究，由学生们记载而成的一部书，它是儒家经典著作中专门谈"孝"的一部著作。

　　在《孝经》中，我们深刻认识到能孝敬自己的父母，是小孝；能孝敬天下的父母，全心全意为人民服务，是大孝；能成为圣贤，使千秋万代的人获益无穷，是至孝。

　　孝，是评定一个人道德品行修养及做人的标准；孝，也是一个企业和团体在人事资源上重点考虑的要点。孝是一个生命得以继续繁衍下去的阶梯，是一个国家、一个民族得以发展壮大、被敬重、被敬仰膜拜的无形力量，是大家的精神支柱。

　　提到孝，我们首先想到的就是孝敬父母。的确，"身体发肤，受之父母"，我们能够健康成长，都是因为有父母的精心呵护和培养，所以我们首先应该感谢的就是父母。

　　父母为了我们，操碎了心，也付出了很多。他们累了，需要一把椅子坐坐；他们渴了，需要一杯清茶解渴；他们的心疲倦了，需要一颗真诚的感恩之心去安慰。

　　我们不应该再认为父母为我们所做的一切都是理所应该的，我们更不要对父母的艰辛付出和无限关爱视而不见，无动于衷，甚至怨气冲天。

　　当我们懂得了父母的需要时，就要积极行动起来：动一动手，搬一把椅子让父母歇歇，倒一杯水让父母痛饮；动一动口，说一句真诚温暖的话语给父母听听，解除他们的疲劳，驱散他们的心病。孝敬父母原来就这么简单。如此容易做到的事情，能让我们的父母感到欣慰、高兴和快乐，我们又何乐而不为呢？

　　对于今天的我们来说，孝敬父母，回报父母，不必做一番惊天动地的事情。我们只要在平时多注意从身边小事做起，从一点一滴做起，就完全可以尽到我们对父母的孝敬之心。

　　孝作为华夏民族固有的道德观念，又经孔孟儒学的发挥，以及历代帝王的大力提倡，孝道在古代确实是深入人心，在当今更应很好地传承和发扬。乌鸦知反哺，羊羔知跪乳，我们又怎么能不知孝道呢？